"Gracias a los pastores Ricardo ... haber escuchado la voz del Es[...]...ormarse en fuente inspiradora para nosotros y para los pastores del mundo entero. Un cordial saludo a todos desde Río Grande, ¡tierra de avivamiento!"

—**Pastores Vilela y Celenita da Costa,**
Río Grande - RS - Brasil

"El pastor Ricardo me contó acerca de cómo el Espíritu Santo se había convertido en su mejor amigo y la forma en que había venido con poder sobre él. Esto me desafió profundamente para ir en una mayor búsqueda del Espíritu Santo y para hacer de Él, mi mejor amigo".

—**John Arnott,**
Pastor de la iglesia del Aeropuerto,
Toronto, Canadá

"He estado en los más grandes avivamientos y estudiado con dedicación durante toda mi vida los avivamientos de este siglo, y este es un verdadero avivamiento y el más grande que yo haya presenciado".

—**Pastor Ralph Wilkerson,**
Pastor principal de la Iglesia Melodyland,
California, Estados Unidos

"Gracias, Ricardo y Patricia, por este libro poderoso. Mi oración es que esta obra despierte hambre y sed por avivamiento en muchos de nuestros compañeros de milicias. Que después de leerlo y entrar en un nuevo nivel de relación con el Espíritu Santo y puedan decir también que el Espíritu Santo es su mejor amigo".

—**Dr. Alberto Motessi,**
reconocido evangelista latinoamericano,
quien ha liderado multitudinarias cruzadas
en diferentes países del mundo

"Ricardo y Patty, queremos que sepan que si Teresa y yo viviéramos aquí en Bogotá, ustedes serían nuestros pastores, y esta sería nuestra iglesia".

—**Dr. Morris Cerullo**

"He sentido aquí la misma atmósfera, arriba de la plataforma, que he sentido en algunas cruzadas de Benny Hinn, esa atmósfera de santidad, de profundidad, donde la gloria de Dios es tangible, pero aún creo, más fuerte, que es lo que me llama la atención. Me sorprende gratamente y anhelo que todos puedan venir a ver lo que está pasando aquí, es algo impresionante".

—**Pastor Claudio Freidzon,**
Pastor de la Iglesia Rey de Reyes,
Buenos Aires, Argentina

"Pastor Ricardo, yo nunca he sentido lo que siento en la atmósfera que hay en este lugar…", y añadió: "Ustedes verán milagros como nunca han visto en su país, señales y prodigios sucederán en Colombia".

—**Pastor Benny Hinn**

PASTORES RICARDO RODRÍGUEZ
Y MA. PATRICIA RODRÍGUEZ

MI
MEJOR
AMIGO

CASA
CREACIÓN

Para vivir la Palabra

Para vivir la Palabra

MANTÉNGANSE ALERTA;
PERMANEZCAN FIRMES EN LA FE;
SEAN VALIENTES Y FUERTES.
—1 CORINTIOS 16:13 (NVI)

Mi mejor amigo por Ricardo y Ma. Patricia Rodríguez
Publicado por Casa Creación
Miami, Florida
www.casacreacion.com
©2020 Derechos reservados

Library of Congress Control Number: 2015939692
ISBN: 978-1-62998-318-9
E-Book ISBN: 978-1-62998-813-9

Desarrollo editorial: *Grupo Nivel Uno, Inc.*
Diseño interior: *Grupo Nivel Uno, Inc.*

Impreso en Colombia

20 21 22 23 LBS 9 8 7 6 5 4 3 2 1

CONTENIDO

PREFACIO

En el 2008 estaba llevando a cabo un curso de entrenamiento en Bogotá, Colombia. En el transcurso de una conversación con uno de los pastores locales, recuerdo haberle preguntado: "¿Cuál es la iglesia más grande que esté experimentando el mover de Dios?". Sin ninguna vacilación él respondió: "EL CENTRO MUNDIAL DE AVIVAMIENTO". Comenzó entonces a darme más detalles acerca de la iglesia. Era la descripción de un avivamiento en nuestros días. Inmediatamente le respondí: "Quiero verlo con mis propios ojos". Así que dos días más tarde, me encontraba dentro de una camioneta camino a visitar aquella iglesia. Recuerdo la experiencia que viví al ingresar al lugar y pisar las instalaciones. Algo diferente había en este lugar. No era una iglesia común y corriente, puedo, de manera vívida, recordar lo que sentí. Era como si una corriente de electricidad espiritual atravesara toda aquella edificación. Observaba cómo literalmente miles de personas se agolpaban a raudales entrando en el santuario de manera entusiasta e impaciente, expectantes, sabiendo que algo espectacular estaba por ocurrir.

Permanecí en aquel lugar sin palabras durante la adoración. Como testigo presencial vi decenas de miles de personas adorando a Dios con pasión y entusiasmo desde la primera fila y hasta la última, contando las últimas filas de los auditorios anexos llamados "*overflows*". Cada uno estaba inmerso en una apasionada adoración. Allí no había espectadores.

Experimentar esta sinceridad del pueblo de Dios adorándole con tanta libertad me conmovió hasta las lágrimas. Los talentosos músicos, los espectaculares cantantes y los varios cientos de miembros del coro ocupaban un vasto lugar del escenario. Los jóvenes de esta congregación, sin ninguna vergüenza, danzaban delante del Señor en completa rendición. Aquella escena era verdaderamente una reminiscencia de David dirigiendo al pueblo de Dios en adoración. Antes, durante, y después del servicio, la persistente y continua presencia del Señor podía sentirse en todo lugar. No sé cómo será el cielo, pero la adoración en el Centro Mundial de Avivamiento tiene que ser lo más cercano a lo que va a ocurrir en la eternidad.

Cada semana, luego de la adoración, hay un tiempo de ministración para aquellos que están enfermos. Se declaran palabras proféticas y espontáneas de sanidad, y bendiciones son impartidas sobre las decenas de miles de personas que asisten. El poder de Dios es desatado de una manera similar a la del libro de Hechos de los Apóstoles. Cuidado y tiempo son destinados al ministerio de sanidad durante los servicios. Cuando se está orando por las personas, hay gran expectativa del mover de Dios. Muchos pasan al frente para recibir la imposición de manos y multitud de sanidades ocurren simultáneamente. Muchos son conducidos a la plataforma para testificar, sin embargo, otras deben ser trasladadas por los ujieres a causa de que la fuerte unción que electrifica sus cuerpos, les impide caminar por sí mismos.

Sin embargo, aún había otra escena asombrosa por contemplar. Después del servicio de testimonios, se ofrece un llamado a salvación y multitud de personas responden ante la invitación a recibir a Cristo una vez que han sido testigos de su glorioso poder. En una ocasión fui testigo de cómo más de 5000 personas eran bautizadas al concluir el servicio. Esto ocurrió en piscinas portables en la parte de atrás de la iglesia, piense en eso: no 50, no 500, sino 5000 individuos. Desde el comienzo del servicio hasta su cierre en oración, uno tiene que concluir que la puerta entre el cielo y la tierra abaniquea abriéndose, y que Dios está demostrando su poder al grupo de personas que se atrevan a interponer esta demanda ante su Espíritu Santo.

El Centro Mundial de Avivamiento ha elevado el parámetro acerca de cómo debe ser una iglesia en el siglo XXI. Cuán apropiado resulta el convertir la bodega de una fábrica en un lugar donde se está "fabricando" un avivamiento en la vida de las personas del pueblo de Dios. La antigua bodega se ha convertido en un moderno centro con la última generación de tecnología para un avivamiento mundial. El Centro Mundial de Avivamiento experimenta semanalmente una verdadera representación de lo que Jacob describió en Génesis:

> "Y con mucho temor, añadió: "¡Qué asombroso es este lugar! Es nada menos que la casa de Dios; ¡es la puerta del cielo!"".
>
> —GÉNESIS 28:17, NVI

Cuando consideramos los avivamientos históricos, encontramos en el centro de cada movimiento individuos que decidieron ser vasos rendidos a través de los cuales el soberano Espíritu de Dios fluía. Los pastores Ricardo y María Patricia son los vasos escogidos para este particular avivamiento enviado del cielo. A través de sus oraciones y fidelidad, Dios ha podido construir una iglesia que está experimentando un avivamiento perpetuo que está salpicando a las naciones. No es un accidente que Dios haya escogido esta pareja para esta comisión, fueron hallados fieles, determinados, y enfocados, y no se dejan intimidar con facilidad. Una vez que usted los conoce y escucha su historia de difíciles decisiones y tremendos sacrificios, puede entender el gran precio que han pagado al consagrase a la voluntad de Dios. El pastor Ricardo compartió encuentros personales en los cuales ha experimentado al Espíritu Santo y yo creo que la profunda relación que ha establecido con él, es una parte clave en el continuo avivamiento que están alcanzando las naciones. Algunas iglesias en Estados Unidos se enfocan en eventos y personalidades, pero el Centro Mundial de Avivamiento es una iglesia orientada a la presencia de Dios. La presencia de Dios es evidente en todas las expresiones del ministerio junto con una unción que es indescriptible.

La música es ungida; la oración es ungida; la predicación es ungida; no se parece a nada que yo haya visto en lugar alguno en todos mis viajes alrededor del mundo. Semana tras semana, tras el llamado a salvación, el pastor Ricardo predica un mensaje de avivamiento. Él es jovial, con una personalidad carismática y una predicación dinámica, un estilo sin comparación a los púlpitos de nuestros días, puedo recordar cuando lo escuché por primera vez, y aunque ocurrió a través de un traductor, me mantuvo en el borde de mi silla, esperando las próximas palabras que brotarían de su boca. Sus palabras eran como carbones ardientes encendiendo un fuego en mi alma. El ministerio de los pastores Ricardo y María Patricia me transformó como hombre, como líder y como pastor.

Ahora hago viajes anuales a la iglesia del avivamiento en Bogotá y nunca la visito yo solo, llevo miembros de mi iglesia y de mi equipo, hombres de negocios, estudiantes que asisten a nuestra iglesia, como también estudiantes del Colegio Cristiano de la iglesia. Deseo que experimenten por ellos mismos. En una ocasión, setenta individuos de nuestra iglesia y escuela viajaron a Bogotá para experimentar a Dios a través del Centro Mundial de Avivamiento. Los jóvenes de la escuela y de la iglesia comentaron que nunca habían presenciado algo así con anterioridad, no es inusual escuchar que digan: "El avivamiento que está ocurriendo en el Centro Mundial de Avivamiento no puede ser descrito; tiene que experimentarse". Nuestros estudiantes salen sanos, llenos del Espíritu Santo y llorando bajo la unción.

Uno de nuestros graduados de la Escuela Cristiana de Trinity asiste a lo que se podría clasificar como una iglesia religiosa denominacional de Norteamérica, y luego de experimentar el avivamiento, ahora es una persona llena del Espíritu Santo. Este graduando desde entonces comenzó una organización misionera para plantar iglesias fuera de Lubbock, Texas. Este es sólo uno de los muchos testimonios de lo que está ocurriendo en las vidas de aquellos que han sido tocados por el avivamiento en el Centro Mundial de Avivamiento.

Nuestro mundo tiene la desesperada necesidad del gran impacto de iglesias llenas y controladas por el Espíritu Santo y la presencia de Dios. Las huellas digitales de Dios y el ADN del cielo se encuentran en cada aspecto de esta iglesia. Lo que está ocurriendo en este lugar no es otra cosa que el mover de Dios para un tiempo ¡tal como este!

El Centro Mundial de Avivamiento está frecuentemente en mis pensamientos. Ellos lideran un gran y dinámico avivamiento. De verdad creo que este cuerpo tan solo ha rasguñado la superficie de lo que Dios desea que ellos experimenten, ¡lo mejor está aún por venir! Y yo como invitado anual, soy un directo recipiente de la bendición de avivamiento que se expande a los países, lenguajes y fronteras. Una confirmación de que este fuego de avivamiento continuará ardiendo con creciente intensidad. ¡Reciban el fuego, hay suficiente para todos!

—**Carl Toti**
Pastor principal de la Iglesia Trinity, in Lubbock, Texas

INTRODUCCIÓN

En el principio de nuestro ministerio evangelístico —aquellos años que recuerdo con mucho cariño—, gozábamos del amor de Dios y de su misericordia. Sabíamos que Él nos había llamado a servirle y que estaba con nosotros. Tomábamos con fe sus promesas y de esta manera su Santo Espíritu nos alentó.

Hoy, muchos años después de que el Señor nos llamara a servirle como pastores y se corriera el velo de nuestros ojos para permitirnos vivir cada día delante de Él, confesamos que no sabríamos dar un paso si el Santo Espíritu de Dios no estuviera con nosotros. Realmente no sé dónde estaríamos ni en cuál etapa del ministerio nos encontraríamos si Él no estuviera con nosotros, iluminando cada uno de nuestros pasos hacia Él.

Me dirijo a los pastores, consiervos y amigos creyentes para testificarles sin temor que esta maravillosa experiencia de buscar y conservar la comunión y la amistad con el Espíritu Santo, es lo mejor que les puede pasar en la vida. Una vez que esto sucede ustedes no pueden vivir sin Él. Es entonces cuando las palabras del rey David—cuando se arrepintió sinceramente—, cobran vida en tu corazón y se convierten en tu propio clamor: no quites de mí tu Santo Espíritu. Desde el momento en que comenzamos a experimentar esta nueva vida, he visto miles de personas que se declaran libres y restauradas. También he visto muchas tomar su decisión por el Señor Jesucristo, crecer y permanecer en Él.

Creo con todo mi corazón que esta gracia no ha sido reservada para unos pocos. Creo que si tú tienes pasión por la exaltación de la persona del Espíritu Santo y clamas a Dios, Él se manifestará en tu ministerio igual que lo está haciendo en muchas partes del mundo. Te invito para que lo busques ahora y sigas orando hasta cuando lo hayas encontrado, pues así Él también podrá encontrarte, entonces ya nunca más serás el mismo.

A medida que hemos tenido la experiencia espiritual de vivir en la presencia de Dios, vuelvo a recordar esos primeros días cuando andábamos en su búsqueda. No sabíamos en realidad lo que íbamos encontrar, ni el alcance que tendría ese maravilloso encuentro. Jamás imaginamos lo grandioso de esta relación espiritual, ni cómo afectaría en la iglesia que pastoreamos; y aún más, a otras iglesias de nuestra nación y de otras naciones en las que hemos sido invitados a ministrar. Si tu vida espiritual o tu ministerio evangelístico están encasillados, si sientes que se han detenido y tal vez oras por lograr que despeguen y tomen el rumbo que has soñado, creo que este libro será una herramienta que Dios puede usar para ayudarte a recibir sus promesas.

Mi propia vida ha sido totalmente transformada desde que estamos gozando de esta bendición. Hoy puedo asegurarte que mi amor por Cristo, mi ministerio eclesiástico, mi hogar, y todo lo que Dios nos ha dado, han sido completamente renovados; no como nosotros lo hubiéramos planeado sino como sólo Dios sabe hacerlo, de una forma perfecta. Quienes conocen nuestra maravillosa experiencia han comenzado a disfrutar de la misma bendición. ¿Por qué no permites que el Espíritu Santo ministre tu corazón hoy?

—Pastora María Patricia de Rodríguez

DEDICATORIA

A mi mejor Amigo, el Espíritu Santo de Dios.
Sin ti, ninguna de las palabras de este libro cobra sentido.
Bienaventurado el que te halla y no te deja ir jamás.
Porque de ti estoy enamorado mi Señor, eres
el dueño de mi vida y mi mayor deleite, la
fuente inagotable de mi gozo.
Recibe la gloria.

Capítulo 1

UNA AMISTAD...
PARA SIEMPRE

¿**N**o es maravilloso saber que el Espíritu Santo está siempre allí? Día a día, momento a momento, mientras leía las Escrituras y oraba, me reía o lloraba, aplaudía o saltaba de júbilo; a veces sólo callaba, pues era tan fuerte su presencia que prefería esperar en silencio.

Durante dos años aproximadamente, viví un tiempo inimaginable para mí. Cada vez que entraba en mi estudio y cerraba la puerta, podía sentir que la gloria de Dios llenaba mi lugar de oración, su presencia transformaba esa habitación. Con solo levantar mis manos al cielo, cerrar mis ojos y hablar con el Espíritu Santo, era inmediato, me sentía envuelto, cubierto, rodeado por su dulce y al mismo tiempo poderosa presencia. Pero no sabía que estaba a punto de experimentar algo más que transformaría mi vida para siempre.

Aquel día en particular, mientras disfrutaba de mi tiempo con Él, me sentí como si me hubiese distraído, como cuando tu mente se va volando, pero no era así, Dios estaba detrás de esto.

Vino a mi mente el recuerdo de mi primer día de colegio. Fue tan real que mi estómago se recogió de nuevo, volví a experimentar ese mismo vacío y hasta un poco de temor. Ese día me sentía solo en ese lugar que yo veía tan enorme. La soledad no era un sentimiento común para mí, ya que nací en el seno de una gran familia. Y digo "gran" porque es muy numerosa. Somos once hermanos, más mis padres y mis abuelos que, en ese entonces, vivían también con nosotros. De modo que en medio de ese fuego hogareño era imposible sentirse solo.

Ahora, si te pones en mis zapatos creo que me entenderás, era apenas un chico, no tendría más de cuatro años, pero de repente vino un gran alivio, pues recorrí con mis ojos el salón de clase y allí, entre mis compañeros, vi una cara conocida. ¡Figúrate la alegría! Era el hijo de un médico, buen amigo de mi padre. De inmediato nos hicimos amigos y compartimos los tres años del preescolar.

Luego, no sé por qué mi mente voló de nuevo, recordé el colegio donde cursé toda mi primaria, ya no era el pequeño jardincito de barrio, ahora estaba frente a un gran gigante, así lo veía a mi corta edad. De nuevo me sentí perdido, como desamparado, aunque dos de mis hermanos estaban en el mismo colegio, sólo nos veíamos a la hora de la salida. Pero con el tiempo, conocí un compañero que se convirtió en mi gran amigo y con el que compartí toda mi educación primaria, los descansos, las travesuras infantiles y hasta las tareas.

En ese momento, otro recuerdo irrumpió en mi pensamiento, era la imagen del amigo del bachillerato la que venía a mi mente. Éste sí que fue por muchos años mi gran amigo, mi amigote. Estuvo a mi lado en la etapa de desarrollo, cuando pasas esa transición de niño a joven, fuimos amigos de fiestas, de mundo, de novias, de locura, compartíamos todas las cosas. Era de esos amigos con los que no se tienen secretos ni tapujos, nos veíamos a diario o hablábamos por teléfono, nos prestábamos la ropa, la música y más. Todo lo compartíamos, excepto la novia. Evoqué también a los amigos de la universidad, los de barriada. Siempre viví rodeado de buenos y verdaderos amigos, pero había uno especial, cualquiera podía diferenciarlo y decir: "¡Ah, éste es su mejor amigo!". Aun en la fe, pues cuando comenzamos la vida cristiana crecimos al lado de uno muy bueno. Con él, Patty y yo aprendimos muchas cosas y llegó a ser muy cercano a nosotros.

Mi pensamiento estaba ocupado en todas estas cosas cuando de nuevo me encontré en mi lugar secreto y le dije: "Espíritu Santo, ahora que recuerdo, en estos dos últimos años no he tenido un buen amigo; yo sigo siendo el mismo, siempre me ha gustado tenerlo, fue una constante en mi vida hasta hace dos años. Pero Señor, desde que te invité a mi lugar secreto, ese día inolvidable en el cual te rogué que vinieras y jamás te apartaras de mí, no recuerdo quién ha sido mi amigo. Aquí has estado cada día, ni uno sólo has dejado de venir, me pastoreas, me consuelas, me aconsejas, hablas conmigo, me llenas de alegría…".

Ahí estaba yo delante de Él, abriéndole mi corazón con toda honestidad, como un niño con su mejor amigo. Entonces, de un momento a otro su presencia comenzó a hacerse tan intensa, tan fuerte y maravillosa que, sin darme cuenta, estaba totalmente postrado, con la cabeza casi metida entre las piernas, hasta que puse mi rostro sobre la tierra en un pequeño tapete que me habían regalado en New York y, de repente, oí su dulce voz diciéndome: "Yo soy tu amigo". ¿Puedes entender lo que sentí? Estaba totalmente quebrantado, envuelto en una deliciosa sensación de no sé qué, no sabría describirlo con palabras. Abrí entonces mis ojos y por primera vez me fijé bien en la frase impresa en el tapete: *"Friends forever"* ("Amigos por siempre"). En ese momento pensé en mi amistad con el Espíritu Santo. Esas sencillas palabras se convirtieron en un sello del amor divino para mí, fue como una carta enviada desde el escritorio celestial. Él, el Espíritu Santo, ¿mi mejor amigo? ¡Oh Dios! Yo quería salir y gritarlo a los cuatro vientos, quería correr y contárselo a cada persona que pasara junto a mí, pero pensé: "No, esto no es posible, ¿cómo van a creerme?". Cuando le cuente a la gente lo que Él me dijo, simplemente me van a tildar de loco o exagerado, y dirán: "Ya, ya Ricardo, has tenido muchas visiones y sueños, pero ¿esto? ¡Te pasaste de la raya!".

Sin embargo, el Espíritu Santo—mientras yo pensaba en todo esto—me dijo: "¿Por qué crees que es locura? El Padre celestial dijo de Abraham que era su amigo (Santiago 2:23). Jesús tenía muchos discípulos, pero sólo a un pequeño grupo le dijo:

"Ya no los llamaré siervos sino amigos".

—JUAN 15:15

"¿Por qué crees que yo, el Espíritu Santo, no querría tener amigos?".

Así como lo escribí unas líneas atrás, esta maravillosa revelación cambió todo en mi vida, todo. A partir de ese glorioso día en el año 1995, Él es y será mi mejor amigo. Desde ese mismo momento hice un pacto que he mantenido por todos estos años: tus amigos serán mis amigos y tus enemigos, mis enemigos.

Déjame decirte que no he tenido mejores años que estos en los que he compartido al lado de mi mejor amigo. Muchos hoy hablan de esto y dicen tener comunión con el Espíritu Santo, pero es apenas eso, una forma de hablar, un eslogan. Lo sé porque no se ve nada diferente en sus vidas o ministerios, no se evidencia un cambio significativo. Pero a mí definitivamente me cambió: como creyente, esposo, padre, amigo, pastor. El ministerio que Dios nos ha confiado a Patty y a mí se ha hecho poderoso a partir de mi relación con Él, y esa maravillosa comunión es algo que no cambio por nada en este mundo.

¿Sabes? Mientras lees estas páginas, yo creo con todo mi corazón que el Espíritu del Señor te está diciendo: "Yo quiero ser tu amigo". ¿Alguna vez has intentado decírselo? ¿Alguna vez lo has invitado para que sea tu amigo? Porque yo siento fuertemente en mi espíritu que Él está golpeando en tu corazón, ahora está burbujeando dentro de ti, es el Espíritu Santo de Dios hablándote. Y porque sé que Él aún está buscando amigos, hoy te invito a que no dejes pasar un segundo más. Ahí donde estás, dile de corazón: "Espíritu Santo, enséñame a ser a tu amigo, yo también quiero tener una profunda amistad contigo".

Este maravilloso recorrido de mi vida y ministerio a su lado apenas comienza. En los próximos capítulos contaré lo más secreto de mi intimidad con Él, para que te sirvan de inspiración y lo puedas disfrutar grandemente.

Capítulo 2

QUERÍA SER LLENO DEL ESPÍRITU

Nací en una familia católica, como lo eran la mayoría de familias en esa época en Colombia. Pero en la mía, no era sólo cosa de tradición, sino de práctica. Cuando éramos niños nos llevaban a misa cada domingo, rezábamos el rosario con mi abuela, que era bastante religiosa, aunque a pellizcos, pues nos parecía largo y aburrido. En medio de este ambiente, la figura de mi abuelo fue decisiva. Él era un hermoso hombre de Dios, a quien le fascinaba leer la Biblia y contarnos las historias de los héroes de la fe. Su relación con Dios iba más allá de los ritos, y su influencia me marcó.

En mi niñez estudié en colegios católicos, así que seguía los ritos que nos habían enseñado. Ya había hecho la "primera comunión", y nos estaban preparando para el siguiente paso: "la confirmación", cuando los profesores quisieron explicarnos de qué se trataba, nos dijeron: "Niños, este paso es muy importante, ya que viene un alto representante de la iglesia: el Monseñor, y cuando rece por ustedes y les dé la palmada en la cara, van a recibir al Espíritu Santo". ¡Huy, qué emocionante fue esta noticia para mí! Y digo para "mí" porque no vi a ningún otro niño tan feliz como yo. No tendría más de doce años, pero no sé por qué sentí una alegría tan grande. ¿Recibir al Espíritu Santo? ¿Podrá un niño de ocho años recibirlo? No creas que yo comencé a buscarlo a Él cuando ya era un ministro, o tan pronto me convertí al Señor. No, esta inquietud la llevo conmigo desde que era muy pequeño.

¡Yuppi! Saltaba y gritaba de emoción. ¿Cómo será eso de ser lleno del Espíritu Santo? ¿Qué experiencia tendría? Yo no sabía lo que eso significaba, pero sí recuerdo que estaba muy feliz. Llegué a la casa con tremenda noticia, alboroté la sala con brincos y gritos: "Abuelito, mami, ¡nos van a confirmar en el colegio y voy a recibir al Espíritu Santo!".

Ese día llegamos a la iglesia muy bien arregladitos, con corbata color bordó, bléiser, pantalón gris, la camisa muy blanca y zapatos de charol. Nos alinearon a todos frente al altar en una larga fila, a medida que el monseñor se me acercaba, mi corazón saltaba de emoción y latía con fuerza. De pronto, esta gran autoridad puso su mano sobre mí y me dio la palmada en la cara. Me quedé frío, estaba sorprendido. ¿Sabes qué pasó? Nada. No sentí nada en mi interior—tal vez sólo en el exterior, la palmada en la cara, pero sólo eso—, todo estaba igual. Yo pensaba que algo extraordinario ocurriría, pero no, no fue así. De modo que me sentí muy desilusionado, no sé por qué tenía tanta expectativa, más que por cualquier otro rito en los que había participado. Lo esperaba tanto y nada sucedió.

En otra etapa de mi vida, ¡casi lo alcanzo, pero me lo perdí! Después de que mi esposa y yo habíamos entregado nuestra vida al Señor, estuve a punto de tener un encuentro especial con el Espíritu Santo. Patty y yo comenzamos a asistir los domingos a la iglesia, pero éramos muy inconstantes; estábamos en la fe pero nos faltaba compromiso. Edith, la preciosa mujer que Dios usó para compartirnos el Evangelio y traernos a los pies de Jesús, llegó un lunes muy tempranito a nuestra casa (ella siempre cuidó de nosotros, hasta que dejamos de ser niños en la fe) y nos dijo: "No saben cómo lamento que no hayan asistido ayer a la iglesia, ¡estuvo tan hermoso el servicio!". Se sentó y nos contó todo lo que había ocurrido. Nos dijo que el Espíritu Santo se había tomado la reunión, hasta nos cantó el coro con el que Él entró. Recuerdo que dice: "Espíritu de Dios llena mi vida, lléname, lléname…".

Nos dijo que algunos hermanos empezaron a orar en otras lenguas—esto no ocurría en nuestra pequeña iglesia—, el pastor comenzó a orar en el Espíritu, y luego Edith nos remató diciendo: "Mis hermanos, creo que se perdieron la reunión más linda que hemos tenido".

¡Nooooo! ¿Por qué? ¿Por qué no fui? Me dio una tristeza muy grande. Yo, que desde niño anhelaba este encuentro con Él y por perezoso me lo perdí, no podía creerlo. "¿Por qué no fui a esa reunión? ¿Por qué me distraje?", me preguntaba. Lo único bueno de esto fue que nunca volvimos a faltar a ninguna reunión y me prometí que si Dios iba a visitar a su pueblo, yo no me lo perdería por nada en el mundo. Dejamos de ser unos inconstantes y nos consagramos de corazón al Señor.

Al siguiente domingo, ¿quién crees que fue el primero en llegar? Pues yo, junto con Patty y los niños. Estaba tan ansioso como cuando era pequeño. El servicio inició y fue como todos los demás, sólo que esta vez comenzaron a cantar el coro: "Espíritu de Dios, llena mi vida". Me emocioné muchísimo pues creí que ese domingo por fin lo lograría. Empecé a cantar con toda el alma, apreté las manos contra el pecho, cerré los ojos hasta que casi me saltaban las lágrimas. Yo anhelaba que algo pasara, pero no sucedió nada, igual que la primera vez. Entonces me fui muy triste a casa, oré y le pedí de corazón al Señor que me permitiera algún día estar lleno de su Santo Espíritu. "No me quiero perder una nueva oportunidad; cuando Tú lo vayas a hacer, yo quiero estar ahí".

¿Sabías que había ciento veinte discípulos el día en que el Espíritu Santo vino al Aposento alto? Pero el Señor Jesús les había hablado de esta visita a más de quinientos hermanos (1 Corintios 15:6). Mi pregunta es: ¿dónde estaban los otros trescientos ochenta? Ese día me dije: "Jamás quiero formar parte del grupo de los trescientos ochenta. De aquí en adelante, si yo sé que el Espíritu Santo se va a manifestar en algún lugar, voy a estar ahí, Dios me ayudará y sé que así será". El Señor me estaba preparando para el ministerio, yo sabía que Él me estaba enseñando, pero tenía que madurar. No puedes ser un tibio y tampoco permanecer en un lugar equivocado, es necesario estar donde Él está.

Bautizado por su Espíritu

No mucho tiempo después, Patty y yo estábamos con algunos de mis hermanos en casa de mis padres, y uno de ellos comenzó a compartir de forma muy sencilla cómo habían sido bautizados él y su esposa por el Espíritu Santo. Créeme, yo ya llevaba tiempo en el Señor, varias veces había leído la Biblia completa, asistía a la iglesia, oraba, quería realmente comprometerme con Dios, mi corazón ardía por servirle, le había pedido al Señor que nos diera una pequeña oportunidad para hacerlo.

Lo maravilloso de ese día fue que mi hermano estaba compartiendo sobre un tema del que por ese entonces casi nadie hablaba, no era predicado en los púlpitos de las iglesias que habíamos visitado, pues estaba vedado; ni libros, ni predicadores tocaban el tema, pero ahí estaba esta sencilla pero tremenda revelación. Nos fue llevando por dos, tal vez cuatro pasajes en el libro de los Hechos de los Apóstoles, y estas verdades empezaron a brillar y a traer una profunda convicción en nuestro espíritu. ¡Oh, Dios mío! Cuántas veces leí estos versículos, han estado allí todo el tiempo, pero no los había entendido. ¡Esto es lo que he estado buscando, esto es lo que he anhelado desde que era un niño! Es real, es verdadero, yo lo quiero tener. No lo dejé terminar, él no pudo acabar la enseñanza, pues yo ya estaba de pie pidiéndoles que oraran. Hicimos un círculo, mi hermano empezó a orar por el bautismo en el Espíritu, y cuando llegó cerca de mí—aunque él no me había tocado—sentí una fuerte descarga sobre mi cuerpo, como si un millón de voltios me hubiesen golpeado. Me tocó de la cabeza a los pies y un tremendo calor me envolvió. No sé en qué momento caí de rodillas, lloraba sin poder parar porque yo sabía que era Él, el Espíritu Santo me estaba bautizando. Luego comencé a orar en otras lenguas, tan fuerte que creo que asusté a mis hermanos, pero no podía parar ni tampoco quería, pues me parecía que si dejaba de orar en dichas lenguas, éstas cesarían.

Nos fuimos de inmediato a casa, y cuando llegamos, subí la escalera de dos saltos y me encerré en la habitación de uno de los niños. Creía tener algo nuevo, pero lo que no sabía es que no era "algo", era "alguien". ¡Sí, era el Espíritu Santo! Pasaba horas y horas encerrado, hasta el punto de que Patty llegó a preocuparse. Ella se preguntaba si no me estaría fanatizando o, tal vez, volviéndome loco.

Esto para mí es el don más precioso. Quiero contarte que yo no lo tenía, aunque lo anhelaba, Dios sabe cuánto, y en un solo instante lo recibí. No sé cuántos años lo deseé, pero una vez que lo tuve, ¿crees que estaba dispuesto a dejarlo ir? ¡Ni riesgos! Sabía que me iban a tildar de loco, pero eso no iba a ser un impedimento para mí. Claro que cambias, después de una experiencia como esta jamás podrás volver a ser la misma persona. Pero eso no fue todo, era apenas el comienzo. Con este glorioso bautismo, que luego Patty también recibió, vino un gran paquete de bendiciones adicionales: dones espirituales, profecías, visiones, sueños, palabras específicas para nuestra vida y ministerio. ¡Qué tremenda experiencia vivimos cada día! Empecé a compartirlo con los creyentes que me encontraba, oraba por ellos y de inmediato recibían el bautismo del Espíritu Santo (Véase Hechos 2:38-39).

Esto no es algo ocasional, pues si tú lo encuentras y no lo dejas ir tendrás algo nuevo de Él cada mañana. ¡Créelo! ¿No dice la Palabra de Dios que Él hace nuevas todas las cosas? (Apocalipsis 21:5). Estábamos sorprendidos por todo lo que veíamos y por lo que comenzó a suceder a nuestro alrededor.

Mi primer sermón

En la iglesia en la que servíamos al Señor aprendimos muchas cosas de la mano de nuestro líder: visitábamos los hogares de los hermanos, ministrábamos liberación, sanidad interior. Fuimos muy fieles compañeros de equipo para él porque dondequiera que lo invitaban, ahí estábamos también nosotros. Tuvimos experiencias lindas, esperábamos cada sábado con ansiedad, seguros de que veríamos actuar a Dios de una manera extraordinaria.

En nuestra congregación decidieron dividir la ciudad por zonas, y en cada una de ellas se abrían las casas de los hermanos que así lo quisieran para formar grupos de oración. Un sábado, Carlos, nuestro líder, me pidió que predicara en casa de una anciana muy querida en la iglesia. No voy a negártelo, sentí mucho temor; nunca antes había predicado, pero a la vez experimenté un gran gozo, pues era una oportunidad maravillosa de la que jamás te sientes digno.

El siguiente sábado llegamos como de costumbre, atendimos algunas consejerías, y al final de la tarde nos reunimos en la sala de aquella anciana, adoramos por un rato al Señor y luego Carlos me presentó. A mí me pareció un grupo muy grande, aunque realmente no pasaba de doce personas. ¿Sabes cuál fue mi primer sermón? Prediqué sobre el Espíritu Santo.

Voy a contarte lo que ocurrió: sólo quería compartir con este grupo de hermanos acerca de la importancia del bautismo del Espíritu Santo, de mi búsqueda desde que era niño y todo lo nuevo que estábamos viviendo. Prediqué con una libertad tan tremenda que parecía que ya lo había hecho muchas veces. Mientras lo hacía, sentía como si un fuego saliera de mí y un fuerte viento soplara en mis espaldas. Cuando estaba hablando, se operaba en mí una poderosa transformación, como si me convirtiera en otra persona. Les aseguro que ese no era yo, era la unción del Espíritu Santo fluyendo sobre mí. ¿Cómo iba yo a imaginar que por causa de Él obtendría un respaldo tan tremendo para hacer su obra?

Cuando terminé de predicar, Patty estaba boquiabierta. Ella me dijo: "Amor, ése no eras tú". ¡Seguro que no! Ese era el Espíritu Santo a través de mí. La ancianita dueña de aquel hogar se levantó de su silla y comenzó a profetizarnos acerca de las cosas que Dios haría con nosotros. Carlos, el líder de la zona, me dijo: "Hermano, mientras usted predicaba me rozó el brazo, y yo volteé para mirarlo. Sin embargo, ya no vi a Ricardo sino a un hombre canoso y lleno de autoridad. En ese momento supe que estaba sentado ante dos personas que serían muy importantes en el reino de Dios".

Solo déjame decirte, "aquí entre nos", que aún no conocía al Espíritu Santo, porque tenerlo es una cosa pero conocerlo es otra muy diferente.

Capítulo 3

EL ANHELO DE CONOCERTE

Sin ser un lector muy aficionado por diferentes tipos de libros que no sean la Biblia; la cual desde el momento en que me convertí era lo que más quería tener en este mundo y una vez que la tuve en mis manos, se convirtió prácticamente en mi único libro. En ella he aprendido todo lo que he necesitado saber o conocer acerca de Dios o acerca del servicio, y además quién mejor que Él para revelarnos toda la verdad. Pero también me ha gustado leer biografías, la vida de esos gigantes de la fe como Juan Wesley, Jonathan Edwards, Hudson Taylor, Carlos Finney, Martín Lutero y otros tantos. Realmente ellos logran inspirarnos de una forma muy profunda, y así como ellos, también en este tiempo Dios ha levantado hombres y mujeres que han encontrado la llave para entrar más allá del lugar santo; hombres y mujeres que se han atrevido a ir unos pasos adelante en la búsqueda de Dios. Y fue justamente esta sed enorme por la que el Señor me fue guiando paso a paso hasta su presencia.

Y procurando conocer al Espíritu Santo de una forma más personal, no puedo dejar de mencionar a algunos instrumentos de Dios que fueron esos tutores en este camino.

Guardo en mi recuerdo como una fecha muy especial el mes de abril del año 1989, cuando Patty y yo estábamos resuelta y apasionadamente envueltos en el servicio a Dios. Todos los martes por la tarde, en la iglesia a la que pertenecíamos, se llevaba a cabo una reunión de liberación, que era el fuerte por esos días. Si bien no era un tema del que se hablara mucho en las iglesias, en la nuestra se enseñaba al respecto y se ministraba todas las semanas, por lo cual tuvimos el privilegio de ver de tremendas liberaciones.

Un martes nos anunciaron que vendría un joven predicador de Orlando, Florida, llamado Benny Hinn, quien era totalmente desconocido en nuestro país, incluso en el ámbito cristiano. Aún no había escrito sus famosos libros y en Colombia no permitían la televisión cristiana. De modo que hasta lo confundían con un humorista inglés en auge por esa época que se llamaba Benny Hill y la gente decía: "¡Huy!, se convirtió ese loco vulgar, ¡qué tremendo!". A mis oídos llegó el siguiente relato sobre este hombre: "Dicen que cuando ora y se encierra en su habitación, ese lugar se llena de una luz totalmente sobrenatural". Mira a quién le contaron esto. De inmediato mi corazón saltó de gozo. Si bien nunca he sido un creyente de los que se dejan llevar por cualquier viento de doctrina, pues me considero un hombre bastante aplomado, esto no significa que fuera a cerrar mi corazón y mi mente a las manifestaciones de Dios poco convencionales, y menos para perderme lo que venía del Espíritu Santo.

Patty y yo hemos orado siempre para que el Señor nos guarde de caer en errores doctrinales, por eso somos tan amantes de la Biblia; pero desde siempre le pedimos al Señor que nos ayude a ser receptivos a todo lo que viene de Él, por raro que nos parezca y aunque sea difícil entenderlo; de modo que no lo dejemos pasar. ¿Quién dijo que podemos entender todo lo que Dios hace? Muchas cosas podrán parecer locura, pero lo importante es saber cuándo viene de su mano, sin importar lo que parezca y poder obedecerlo.

Finalmente Benny Hinn no alcanzó a desplazarse hacia nuestra congregación, y cuando nos dieron la noticia el pastor dijo: "No hay problema, quienes quieran ir, pueden hacerlo". Esta fue una gran sorpresa para nosotros, ya que el pastor nunca promocionaba ningún evento fuera de la iglesia—y lo hacía con mucha sabiduría—pero esta vez sintió paz y nos permitió asistir.

El culto se llevó a cabo en la iglesia Filadelfia de la ciudad de Bogotá, que pastoreaba el hermano Colin Crawford. Nuestro hijo menor, Juan Sebastián, acababa de nacer y por obvias razones Patty no pudo asistir. Cuando llegué al lugar vi que había mil quinientas o dos mil personas. El local estaba atiborrado, más allá de su capacidad. El servicio se venía desarrollando de manera normal, cuando de un momento a otro el predicador salió y se subió a la tarima, de inmediato algo tremendo comenzó a ocurrir, porque cuando este hombre entró lo acompañaba algo parecido a una nube de gloria que lo rodeaba. Jamás había visto nada parecido, por lo que me quedé congelado, parecía electrizado, no sé si los demás vieron lo mismo que yo, esto me lo pregunto ahora, pero cuántas veces el Señor Jesús pasó junto a la gente y algunos vieron al Hijo de Dios, otros al maestro y algunos a un enemigo. No sé lo que los otros vieron pero yo…yo vi la gloria de Dios.

Benny Hinn comenzó a predicar, de pronto interrumpió su prédica y nos dijo: "En una hora, y miró su reloj, el Espíritu Santo entrará en este lugar". ¡Qué locura! Lo dijo con tanta convicción, él mismo parecía sorprendido. Se retiró un poco el micrófono de su boca y le dijo al traductor: "Por favor no traduzcas esto, creo que el destino de Bogotá está en nuestras manos, lo que Dios va hacer marcará el destino de esta ciudad". ¿Cómo lo sé? Porque años más tarde esas grabaciones llegaron a mis manos y ahora las tengo en mis archivos. Él continuó diciendo: "Aquí hay dos jóvenes que serán tomados por el Señor con ministerios de sanidad, cada uno estará a un lado del país. Si se levantan con humildad, Dios hará cosas tremendas con ellos". Yo estaba allí con mis ojos cerrados, bañado en lágrimas, orando y diciéndole: "Señor, yo quiero ser uno de ellos".

El tiempo pasó y precisamente una hora después, como si le hubieran anunciado, nos dijo que cerráramos los ojos, yo miré mi reloj, una hora exacta. El piano sonaba dulcemente, cuando de repente, literalmente, el Espíritu Santo entró en ese lugar, créeme, yo conocía al Espíritu Santo, bueno, al menos creía que lo conocía, ya había recibido el bautismo del Espíritu, hablaba en lenguas cuando oraba o profetizaba, sentía su presencia, pero ¿esto? Esto era algo totalmente diferente.

Él tenía todo el control

Jamás creí ser testigo de algo igual, yo no estoy hablando del hombre, no trato de magnificar a Benny Hinn ni mucho menos, pero sí quiero hacerte partícipe de una realidad que hasta ese momento yo no conocía y sé que muchos también pasan por alto. Hasta ese día yo creía que un predicador ungido era uno lleno de fe, de fuego; pero de lo que yo estoy hablando no es del hombre, el que tiene el control, sino del dueño del control, del dueño y pastor de la obra, del Espíritu Santo de Dios.

Él entró cuando quiso, dijo lo que Él quiso y cuando quiso decirlo, mandó sentar al predicador. ¿Crees que te estoy tomando del pelo? Así fue. Mira, fue tan sorprendente que el mismo pastor Benny jamás lo olvidó, años después él lo menciona en su libro *Buenos días, Espíritu Santo*, donde relata todo lo sucedido en la reunión del 28 de abril de 1989 en Bogotá, Colombia.

El pastor Benny Hinn estaba abrazado literalmente al púlpito, era tan fuerte la unción, él mismo sabía que en cualquier momento podía caer bajo el poder de Dios, estaba dando palabras de ciencia para sanidad y dijo: "El Espíritu Santo me ha mandado bajar de la plataforma, me dice que me siente en la primera fila, porque ustedes tienen sus ojos puestos en mí". ¿Puedes creerlo? En el mismo orden en que esas personas habían subido a la plataforma comenzaron a caer una por una, no había nadie tocándolas, nadie estaba orando por ellas, nadie visible al menos, pero todas testificaron luego que estaban completamente sanas. "Gloria a Dios", oímos a los ángeles cantar, yo perdí totalmente la noción del tiempo, no sé cuántas horas pasaron, sólo sé que a partir de ese momento vi el Espíritu Santo en otra dimensión totalmente distinta; pude entender que Él no es ujier de la iglesia, o quien cuida nuestros carros, o al que le damos órdenes: "Haz esto o aquello". ¡No, señores! Él es ni más ni menos que el Dueño y Pastor de la iglesia y de nuestras vidas.

Ese día salí en *shock*, traté de hablar con algunos de los asistentes a la reunión, pero parecía que no lo entendían. En la radio escuché unos días después duras críticas sobre el hermano Benny Hinn, esto me entristeció profundamente. La realidad de los líderes cristianos en ese momento era que se oponían a todo lo que se saliera del molde de sus reuniones, aunque viniera de Dios; hasta el punto de que uno podía ir confiado a cualquier evento de los que ellos atacaban, y siempre encontraba algo diferente y de bendición.

Me siento obligado a advertirte que cuando te mueves en la dirección del Espíritu Santo, no sabes exactamente lo que va a acontecer. Tú no eres el que dirige a Dios, Él te dirige a ti. Es como cuando los discípulos anduvieron en su caminar con el Señor Jesús. Él los sorprendió siempre y tal vez se decían: "¿Qué irá a hacer con el pan? Cuando tomó los panes y los pececillos para dárselos a la multitud, ellos debieron pensar: "Qué irá a hacer?". Cuando ordenó quitar la piedra de la tumba de Lázaro, seguramente ellos pensaron: "¿Qué es esto?". Cuando ordenó detener el entierro de la viuda de Naín, los discípulos hicieron esta conjetura: "¿A dónde vamos?".

Así, en cada uno de estos movimientos del Espíritu Santo hay algo sobrenatural, sólo tienes que dejarte llevar por la fe.

Recuerdo a Felipe, el evangelista del libro de los Hechos de los Apóstoles. Cuando la gente lo escuchó predicar, se produjo un gran movimiento de salvación. Fue algo así como una cruzada de milagros. Pero en cierta ocasión, un ángel del Señor le habló para que descendiese por el camino de Jerusalén a Gaza, el cual era desierto.

Pienso en las posibles objeciones de Felipe para seguir por el camino del desierto, pero aceptó la dirección de Dios y la siguió. De esta manera la iglesia apostólica fue dirigida por el Espíritu Santo, tal como nos lo revela el libro de los Hechos. Este fue verdaderamente el secreto de su éxito. Al descender en obediencia, Felipe evangelizó al tesorero de Etiopía. Posiblemente este hombre llevó el Evangelio del Señor Jesús a ese país y luego Felipe fue transportado por el Espíritu de Dios a otras ciudades hasta Cesarea, lugares donde el Espíritu Santo quería que testificara.

Piensa en Felipe. Si no hubiera obedecido el llamado de Dios, no habría tenido la experiencia de ser transportado por el Espíritu Santo ni habría predicado en Azoto, donde Dios le ordenó que predicase. Tampoco habría establecido su hogar en Cesarea donde un día el apóstol Pablo se hospedó y recibió Palabra de Dios por medio de las hijas de Felipe y de Agabo el profeta:

> "Al otro día, saliendo Pablo y los que con él estábamos, fuimos a Cesarea; y entrando en casa de Felipe el evangelista, que era uno de los siete, posamos con él. Este tenía cuatro hijas doncellas que profetizaban".
> —Hechos 21:8–9

Felipe era un hombre rendido a la guía del Espíritu Santo. La presencia de Dios estaba con él. Por tanto tomé la decisión, me dejaría llevar por Él. Así sucedió y me comprometí a traer a casa un pequeño grupo de personas decidido a buscar la presencia de Dios. Yo no quería llegar a la iglesia con sólo palabras sino con hechos. La iglesia esperaba ver lo que significa la presencia de Dios. Los años siguientes a esta reunión del 89, marcaron el comienzo de nuestro ministerio. Fuimos invitados a diferentes partes dentro y fuera del país, y vimos la bendición de Dios sobre nosotros. Esto me mantuvo ocupado, pero aun así apartaba diariamente unas horas para estar a solas con el Señor. En este período tuve varias experiencias con el Espíritu Santo, lo vi obrar de manera increíble a favor nuestro; pero era necesario que pasara por una experiencia que llamo "la muerte del yo", la cual significó ser llevado por Dios al desierto para conocerlo de verdad. (En nuestra biografía *De lo vil del mundo*, se habla detalladamente acerca de cómo fuimos llamados por Dios al ministerio).

Capítulo 4

LA MUERTE DEL YO

Aunque me sentía en mi mejor momento, aún había mucho por aprender; yo estaba dispuesto a caminar con Él y dejarme guiar, pero los sucesos siguientes marcarían una etapa importante de mi ministerio a la que denominé: "La muerte del yo". La obra estaba creciendo, había prosperado, yo creo que asistían setenta personas a las reuniones más grandes, pero el promedio era de cuarenta, cincuenta a lo sumo. Me pareció haber oído la voz de Dios diciéndome: "Ahora conquista los Estados Unidos". Pensé en New York, sabía de la ciudad y que allí vivían muchos latinos con hambre de Dios, vi la necesidad espiritual, y como tenía una gran carga por los latinos, me dije: "¡Listo! Voy a empezar una obra allí".

Me reuní con varios amigos a los que hacía muchos años no veía, conocí familias de hermanos muy queridos, quienes nos motivaron para que empezáramos la iglesia entre ellos. Nos hicieron promesas en las que se comprometían para ayudarnos. Además, yo había ministrado en sus grupos de oración y Dios me respaldaba tremendamente, así que decisión estaba tomada. Vendimos todo lo que teníamos y asignamos líderes para que nos cubrieran en Colombia. Yo viajé primero para buscar el lugar de vivienda. Sería cosa de días para estar reunido de nuevo con mi familia.

Se supone que en el aeropuerto me estarían esperando los hermanos, pero el asunto es que nadie fue a buscarme. Yo no conocía esa gran ciudad, no sabía cómo moverme de un lugar a otro. Es más, no sabía ni siquiera hacer una llamada telefónica, pues los teléfonos públicos en Colombia funcionan de una manera totalmente diferente. Las personas que querían ayudar no aparecieron, incluso quienes se habían comprometido a alojarnos estaban fríos y distantes. Se había desatado un tremendo ataque de celos y persecución contra nosotros. Sólo ponte en mis zapatos y piensa cómo me sentía. Algo estaba mal, mejor dicho: ¡Todo estaba mal! En ese momento exclamé, casi grité: "Señor ¿qué voy a hacer? ¿Qué les voy a decir a Patty y a los niños? La iglesia no lo va a entender, pensarán de mí como un hombre carnal, apresurado a la hora de actuar". Ahí estaba yo recorriendo desesperado esas calles, llorando, sin saber a dónde ir; cuando en las noches llamaba a casa no podía parar de llorar, me sentía como si Dios no estuviera conmigo.

Oré, y después de hacerlo, le abrí mi corazón a Patty. Una noche le dije: "Amor, las puertas están totalmente cerradas para nosotros aquí, no sé cómo proceder ¿qué piensas tú al respecto?". Ella se oía muy calmada, yo no sabía la agonía que estaba viviendo, pero la ocultó para no hacerme más pesada la carga en ese momento. "¿Por qué no pensamos en Miami?", me dijo. "Allí tenemos algunos familiares que te pueden recibir y ayudar, tal vez New York no es el lugar para nosotros. Intenta viajar a Miami y ya veremos lo que pasa. ¿Está bien, amor?". La sentí tan tranquila que eso me dio aliento. Oré, y al otro día, Patty se contactó con su hermano residente en Miami, y yo hablé con mi prima, ella me ofreció su casa por unos días mientras conseguía un lugar para la familia.

Todo comenzó a cambiar, pero no para bien, sino para mal. Yo le preguntaba al Señor: "¿Te desobedecí? ¿Hay algo que hice mal? ¿Qué pasa?". Si tú has tenido una comunión preciosa con Él, entenderás seguramente mi aflicción en ese momento de su silencio.

Preparé todo para viajar cuanto antes a Miami. Recuerdo que estaba haciendo fila para entregar mi ticket y tenía un nudo en la garganta, deseaba llorar a solas con Dios, pero allí estaba un hermano dejándome en el aeropuerto y además estaba frente a la ventanilla de la aerolínea en la que volaría, por lo que me contuve. Luego entregué mi ticket y algo extraño sucedió, se bloqueó el sistema de esa compañía y no podían asignarnos asientos a las personas de ese vuelo. Esto de pronto es más frecuente en un país subdesarrollado, pero ¿en el John F. Kennedy, uno de los aeropuertos más grandes y modernos del mundo?

Así sucedió. Después de despedirme de mi hermano no pude resistir más, mi quebranto era tan grande que caminé lentamente por esos largos pasillos pensando en todo lo que me ocurría hasta llegar a la gran aeronave, fui el último en abordar. En la puerta iban asignando las sillas a medida que los pasajeros ingresaban. El avión tenía un gran espacio para los pasajeros de tarifa económica que acomodaba diez sillas por fila, tres en el extremo de las ventanillas y cuatro en los pasillos. La azafata me dijo: "Siga", pero no me llevó a estas sillas que correspondían mi ticket, sino hacia el lado opuesto del avión. Pasé por primera clase que distribuía con mayor comodidad dos sillas a cada extremo, pero para mi sorpresa, mi destino final fue la clase ejecutiva (una silla por cada ventanilla), me asignaron la primera de todas las sillas de esta clase privilegiada, de cuero, frente a mí una pantalla de televisión. Un mesero se acercó y me presentó el menú. Cuando se retiró, yo meditaba en por qué me trataron como al pasajero más importante del avión, entonces el Espíritu Santo vino sobre mí y me dijo: "No temas, Yo estoy contigo". ¡Qué grande es mi Dios! Fui como el hijo del Rey y aunque no entendía lo que pasaba, Dios estaba conmigo. ¡Aleluya! Era suficiente.

El día de este vuelo, un terrible huracán llamado Andrew (1992) arrasó con todo lo que encontró a su paso. No había luz ni semáforos, la mayoría de las casas estaban sin techo, era un caos total. Así me sentía yo, como si un gran huracán estuviera sacudiéndome, parecía una señal e ignoraba el final de esta terrible situación. La especulación en los precios de alquiler para las viviendas de inmediato se disparó, lo que costaba quinientos dólares, ahora no bajaba de ochocientos o mil dólares, la gente deambulaba por la ciudad buscando un techo donde resguardarse y justo ahí, en ese desbarajuste, aterricé.

Por fin conseguí una casa donde vivir, fui por mi familia al aeropuerto y ¡estábamos juntos de nuevo! Creí que las cosas mejorarían, pero no, aún nos faltaba tiempo de cocción, tiempo en el horno, y éste sí que era un horno de verdad. En un mismo día se dañó el aire acondicionado y el televisor, y como si fuera poco, el motor del automóvil—uno que con mucho esfuerzo logramos comprar—se fundió. Todo al mismo tiempo.

¿Recuerdas que se supone que yo sabía cómo hacerlo todo? Bueno, déjame describirte la iglesia que pastoreé en ese lugar. Las únicas personas que venían a escucharnos, y lo había logrado porque nos fuimos casa por casa del vecindario a invitarlos, eran unos pocos niños, cinco o seis. Esa era mi gran congregación. ¿Puedes creerlo? Tres de ellos hablaban en inglés, de modo que mis predicaciones eran en un lenguaje totalmente infantil para que mi intérprete de cinco años pudiera trasmitirles mis palabras a los otros chicos. ¡Todo estaba mal! No podía sentir al Señor, era como si el cielo fuera de latón, como cuando tu oración no pasa del techo de la habitación. El día en que todo se descompuso me decidí a orar, orar hasta recibir una respuesta de Dios. Estuve toda la noche en la sala clamando, llorando, importunando el cielo hasta que oí su voz:

"Creo que ya lo entendiste, ahora puedes volver a Colombia".
Apenas amaneció, desperté a Patty para decirle lo que el Señor
me había ministrado. Ella no me dejó hablar, me dijo: "Amor
soñé que un gran banquete nos era servido y el Señor me decía:
"Regresen ahora, pues unos ladrones se han levantado para
arrebatarles lo que es de ustedes"".

¡Aleluya! El gozo fue tremendo, por fin fuera del horno, y
de vuelta a casa. Nosotros somos unos enamorados del Señor
y de Colombia, por lo que la noticia fue en verdad refrescante
en medio de este desierto, casi no podíamos esperar el momento de subir en ese avión y dejar atrás todo este horrible episodio
de nuestra vida. Ninguna fue la pompa que nos aguardaba en
el aeropuerto. No porque, obvio, no llegaban los pastores triun-
fantes, grandes conquistadores, que harían temblar al gigante
del norte; sino los pastorcitos derrotados que habían fracasado.
¿Fracasado? Por el momento sí.

No teníamos nada, vivíamos en la iglesia porque antes de
partir lo habíamos vendido todo, nadie había preparado nada
para nosotros, ni siquiera se percataron de que veníamos con
las manos vacías. Instalamos a los niños en la casas de algunos
familiares mientras nos acomodábamos de nuevo. Encontramos
un cubrelecho tirado en el piso que hizo de cobija y colchón al
mismo tiempo, y en él pasamos la primera noche. ¿Crees que
estábamos tristes o que nos sentíamos en derrota? Para nada,
estábamos felices, en verdad ni cuenta nos dimos de las circuns-
tancias que rodearon nuestro regreso sino meses después. Esa
noche nos abrazamos y de rodillas le dimos gracias a Dios por
llevarnos de vuelta a Colombia, sólo nosotros sabíamos el sentido totalmente espiritual de ese viaje, aunque nos tomó tiempo
entenderlo.

Pero nos hacía falta una sorpresa más. ¿Alguna vez te has golpeado un dedo y luego que está morado e inflamado te lo has
vuelto a golpear? Pues ahí va el segundo moretón. Ese domingo

siguiente estábamos celebrando nuestro segundo aniversario, los líderes de nuestra iglesia habían invitado a una reconocida predicadora de la ciudad para la ceremonia. Esta mujer casi no nos conocía, pero era muy amiga de alguien que nos aborrecía, procurando difamarnos dondequiera que podía. La predicadora prestó sus oídos a estas habladurías y recibió de manera "extranatural" tremenda inspiración para su mensaje de aniversario. ¿Qué crees? ¡Obvio! Todo el mensaje lo basó en lo terrible y mal pastor que yo era. ¡Dios mío! Parecía no terminar, y cuando acabó ya no me quedaba pellejo, la poca credibilidad de la que gozaba entre los míos se esfumó en un instante, no creas que estoy exagerando, algunos de los líderes me daban palmaditas de aliento en la espalda, pero esto no era suficiente, imagínate cómo me sentía después de semejante episodio.

Pero no todo fue terrible, recuerda que Dios estaba en el asunto. Cuando terminó el servicio, una profetisa americana muy reconocida en nuestra nación que venía con ella, nos llamó al altar junto con mi esposa y mis líderes y nos dijo: "El Señor me dice que va a levantar esta iglesia y que con ella hará de esta ciudad, aparentemente destruida, un jardín de Dios". Nos habló de avivamiento, de cosas que aún no habían subido a nuestro corazón pero que en ese momento Dios usó para darnos aliento de nuevo.

¿Podemos entonces hablar de fracaso? De ninguna manera, jamás lo vimos como tal, fue un largo y doloroso viaje por el desierto, sufrimos el fuego del horno hirviendo, pero aprendimos la lección más preciosa y vital para nuestro ministerio:

> "No con ejército, ni con fuerza, sino con mi Espíritu, ha dicho Jehová de los ejércitos".
>
> —Zacarías 4:6

Levanté mis brazos a Él para decirle, y lo sigo diciendo: "Me rindo totalmente a ti". En ese momento estaba listo por completo para lo maravilloso que vendría en esos días: Mi encuentro con el Espíritu Santo.

Capítulo 5

MI DELEITE

Aunque yo venía siguiendo al Espíritu desde 1989 y había visto cómo actuaba, todavía estaba ciego, casi totalmente ciego a una realidad espiritual que está disponible para todos.

Para 1992, y de manera providencial, conocí el ministerio de una mujer llamada Kathryn Kuhlman. Me impactó profundamente un video que me mostraron en Estados Unidos, que hice que me lo tradujeran y me regalaran una copia. Patty estaba en Bogotá y no sabía de mis indagaciones acerca de esta poderosa mujer de Dios, pero el Señor sí estaba interesado en que la conociéramos. Le había hablado en sueños a Patty y le dijo: "Consigue los libros de Kathryn Kuhlman y léelos porque les voy dar un ministerio como el de ella".

Kathryn había muerto veinte años atrás y en las librerías de mi país no quedaba nada de material acerca de ella, pero Dios se encargó de hacernos llegar los tres libros más importantes de su autoría: *Hija del destino*, *Yo creo en milagros* y *Él puede y quiere hacerlo de nuevo*. También conseguí el libro de Benny Hinn, *Buenos días, Espíritu Santo* y las biografías de esos grandes héroes de la fe mencionados anteriormente.

Estos fueron el detonante definitivo, después de leerlos, mejor dicho, de devorarlos, mis ojos fueron abiertos, mi espíritu estalló delante de Él. En un solo instante todo cobró vida. Las fichas del rompecabezas comenzaban a encajar de una manera perfecta. Mi anhelo, desde que era un pequeño niño hambriento, la vez que me perdí el servicio de aquella pequeña iglesia, el primer sermón que prediqué, la reunión de 1989, absolutamente todo, en un instante era claro y coherente.

Yo podía conocerlo, podía conocer personalmente al Espíritu Santo. Esa larga espera había terminado. Aun con estos libros en mis manos, me postré delante de Él y con todo mi corazón, Dios sabe que no había fingimiento alguno ni apariencias ni lindas frases bien elaboradas, sólo mi corazón totalmente derramado, mi alma rendida por entero delante de Él, le dije: "Espíritu Santo del Señor, anhelo conocerte. Tú lo sabes, sabes que toda mi vida he esperado este maravilloso momento, las experiencias vividas, todos estos libros me dicen que es posible, que también es para mí".

En un segundo, todo mi cuerpo estaba sumergido en su gloria, la habitación se llenó de una luz poderosísima, parecía como si hubiese conectado un reflector gigantes que se usan en los estadios. Yo sabía que si abría los ojos, el lugar estaría totalmente iluminado por causa de esa luz. Voy a contarte un secreto, podrá parecer tonto, pero hice el experimento de comprar un bombillo, el más fuerte que se consigue, cerré los ojos para ver si tan pronto lo encendiera, esa luz se parecería a la que experimenté allí. También he ensayado en los coliseos o estadios donde tienen que colocar esos potentes reflectores y me paré debajo de ellos, pero lo que yo viví allí no es comparable con cosas terrenales. Fue algo completamente sobrenatural, santo, el lugar se llenó de su gloria, el Espíritu Santo le habló a mi espíritu. En ese momento supe que podía conocerlo y hablar con Él como con mi mejor amigo. Ningún tiempo del que apartaba para compartir con Él parecía suficiente, pasaba—y aún paso—horas enteras en mi devocional sin deseos de salir de mi lugar secreto. Empecé a entender cosas que antes estaban veladas a mis ojos, mi Biblia cobró vida, para mí se volvió una alegría escudriñar las Escrituras.

Siempre he compartido acerca de mis devocionales, el antes y el después. A mí me enseñaron que todo creyente debería por lo menos pasar una hora de su tiempo diario para leer la Palabra y orar, y me parecía un duro trato de la carne, pero lo hacía muy obedientemente, tenía que formar mi carácter como hijo de Dios y "esforzarme, sacrificarme". Ponía el reloj junto a mí, leía algunos capítulos de la Biblia, oraba un rato, volteaba de nuevo para mirar mi reloj y apenas habían pasado quince minutos. Entonces pensaba: "¿Qué más hago para completar toda una hora?". Pero ese día, ocho horas se me pasaron en un segundo, no quería por nada del mundo salir de mi estudio. Así ha sido desde ese momento.

Para mí no fue sólo una fecha que tengo anotada en el viejo calendario del año 1993, cuando el Espíritu Santo me visitó, se convirtió en mi diario vivir, mi pasión, mi eterna luna de miel. Es un deleite. Incluso mis amigos comenzaron a enfadarse conmigo. Un día, un pastor me dijo:

—Hermano, te he llamado insistentemente, pero tú no respondes el teléfono.

—Qué pena hermano —le dije—, en la mañana no contesto ningún llamado porque estoy encerrado con mi Señor.

—¡Qué espiritual! —me contestó. ¿O sea que te pasas horas de rodillas? ¿Ya te volviste uno de esos fanáticos, místicos?

Patty estaba junto a mí, y le respondió:

—¿Por qué en lugar de escarnecerlo y burlarte de él no haces lo mismo? Seguro que si lo haces no sólo tú, sino también tu ministerio va a cambiar definitivamente.

Debo reconocer que sentí pena por él, pero mi esposa Patty es así, y es una bendición. Poco tiempo después nos volvimos a ver y me dijo: "Ricardo, te hago una confesión: La última vez que nos vimos me sentí un poco ofendido por lo que Patricia me dijo, pero aunque estaba molesto me sentí redargüido; entonces hice lo que ella me dijo, y milagrosamente mi vida ha cambiado y mi ministerio también".

Es un tiempo maravilloso, ésta ha sido la mejor época de mi vida, no cambiaría lo que he vivido a sus pies por nada en este mundo. No hay viajes, deportes, pasatiempo, amistades, reuniones, nada, nada en este mundo que se pueda comparar con esta realidad de Dios, la gloria del Altísimo, y lo mejor de todo es que está disponible para ti, tú también puedes conocerlo: todo el que se humille delante de Él y lo invite de corazón puede tenerlo.

Ahora entiendo profundamente las palabras de David cuando le decía al Señor:

> "Porque mejor es un día en tus atrios que mil fuera de ellos. Escogería antes estar a la puerta de la casa de mi Dios, que habitar en las moradas de maldad".
>
> —SALMO 84:10

Este es el grito apasionado de mi alma cada día. Amo a mi esposa, no me gusta ir sin ella a ningún lugar, somos muy unidos, todo el tiempo estamos juntos. Amo a mis hijos y me gusta estar con ellos y con mis nietecitos. Dios sabe cuánto los amo, pero estar con Él no tiene punto de comparación. Gracias al Señor que Patty y Juan Sebastián—quien ahora está casado—, también se contagiaron de su presencia y aman estar horas a solas con Dios.

Pensé que era la experiencia de un predicador, pero esta realidad espiritual que ha tocado mi vida la he compartido en el mundo, la he predicado en cada nación donde nos invitan, desde América, pasando por Europa y llegando a Asia, en la televisión y en muchos lugares. Y he visto maravillado que no era posesión de algunos pocos, pues son miles a los que el Señor ha tocado con la misma unción, cuando entramos a los auditorios llenos de pastores y líderes expectantes. ¡Oh, Señor!, es la gloria, esa misma gloria que he estado sintiendo en mi lugar secreto, la que siempre me acompaña, jamás me ha dejado avergonzado, Él siempre está allí.

Es algo sorprendente, a veces subo a la plataforma y en un segundo la atmósfera se cambia, los milagros comienzan a ocurrir, hablo con elocuencia. En ocasiones Dios me da tremendas revelaciones, ahí mismo, mientras estoy predicando, y todo mi mensaje cambia. Patty y yo hemos aprendido que si lo dejamos actuar a Él y sólo lo seguimos, nuestros servicios se convierten en una tremenda aventura. Siempre ocurren cosas inesperadas pero maravillosas, como por ejemplo ver pastores totalmente embriagados por el Espíritu que son arrastrados a la plataforma, gente sanada, otros son liberados en un solo instante. Los oyes llorar, reír, clamar, pero lo cierto es que jamás vuelven a ser los mismos, ya que es imposible estar bajo esa tremenda nube de gloria y seguir siendo iguales.

Hace un par de años, cuando veíamos televisión los domingos en la noche, después de un día de trabajo en el que habíamos predicado y ministrado, nos sentíamos cansados, nos vestíamos cómodos y nos recostábamos en nuestra cama para ver nuestro programa especial en la televisión, el que más nos gustaba. Eran las ocho de la noche cuando comenzaba la música y la presentación del programa, y en ese mismo momento escuchaba la dulce voz del Espíritu Santo diciéndome: "Quiero hablar contigo". Tenía que tomar una decisión: ir con Él o quedarme allí viendo mi programa. Pensaba: "Tal vez después iré", pero Él callaba.

Cuando tú le conoces, sabes que ese silencio quiere decir que lo que Él te ha dicho continúa en pie. Así que salí de allí y fui a mi lugar de oración. Vino su presencia y tuve un tiempo muy especial con el Espíritu Santo, era algo sin igual. Cuando pasaba este tiempo, salía y regresaba a mi habitación, estaba sonando la misma música de presentación del programa, pues había finalizado. Él deseaba tener el primer lugar, sobre todas las cosas, y así lo entendí.

Es probable que en muchas ocasiones hayas sentido un fuerte deseo de orar y de leer la Biblia, como un repentino deseo que envuelve todo tu ser, y lamentablemente cruzan estos pensamientos por la mente: "Quizá más tarde o después de comer, o tal vez después de ver televisión"; dándole el primer lugar a nuestro deseo, a nuestra familia o al trabajo, y nos olvidamos de Él. Ya cansados en la noche concluimos con un triste: "Mañana, hoy estoy rendido", y termina el día mientras Él estuvo detrás de ti, esperando por ti. Muchas veces decimos que Él es nuestro Señor pero no le obedecemos. Es tiempo de mostrarle al Espíritu Santo que lo anhelas. Si tú le amas, Él se manifestará a ti:

> "(…) y el que me ama, será amado por mi Padre, y yo le amaré, y me manifestaré a él".
>
> —Juan 14:21

Si alguien me hubiera enseñado que se puede conocer al Espíritu Santo de Dios como una persona y tener esta íntima comunión con Él, no habría perdido tantos años de mi vida. A mí me enseñaron que podía conocer al Señor Jesús, y que Él me cambiaría la vida. Y, en efecto, eso sucedió. Él me dio una nueva naturaleza; pero no sabía que de la misma manera podía conocer al Espíritu Santo. Conocerlo revolucionó mi caminar con Cristo. No sé por qué una verdad tan maravillosa ha estado velada por tantos siglos, me parece ver la mano de Satanás en ello, porque él sabe, obviamente, que esta verdad es un arma letal contra su reino.

Capítulo 6

TRANSFORMAR MI MANERA DE PENSAR

Años atrás yo podía hablar del Padre y de su misericordia, su bondad, su justicia y el gran amor con que se desprendió de su Hijo por nosotros, enviándole a morir en una cruz en lugar tuyo y mío, para que todo aquel que en Él cree, no se pierda, mas tenga vida eterna. Podía hablar con mucha fluidez del Hijo, su singularidad, su mensaje con autoridad, su entrega; pero cuando me refería al Espíritu Santo, apenas atinaba a decir: Es la tercera persona de la Trinidad.

Todo esto cambió a través de una serie de experiencias con el Espíritu Santo que transformaron radicalmente mi manera de pensar. Cuando tú le conoces y tienes comunión con Él, lo sientes a tu alrededor más frecuentemente de lo que tú piensas. En ocasiones calla y, de alguna forma, sabes que está presente. Te mira, vela tu sueño y te cuida. Él está allí.

Quiero compartir contigo algunas de estas experiencias y textos que me revelaron que Él es Dios, igual al Padre y al Hijo.

Él es Dios

Un atributo de Dios es la omnipresencia. Pensaba que Él estaba donde las cosas marchaban bien, pero que en las tinieblas o en lugares de maldad jamás estaría.

Participé en una velada de oración años atrás donde se reunieron cerca de mil personas. Esa noche yo era uno de los predicadores de esa reunión, la unción fluía y el Espíritu Santo se paseaba en aquel salón. A unos pocos locales de aquel lugar, una mujer estaba a punto de cometer adulterio con su jefe, mientras su esposo e hijos se encontraban en casa esperando por ella.

Dijo la mujer: "Sentí algo que tocó mi corazón y me vi tan sucia…Miré a este hombre y sentí repudio, así que salí corriendo a buscar el lugar de donde venía esa dulce presencia, y como un imán, esta congregación me atrajo y entré llorando". El lugar donde esa mujer estaba era una residencia donde las parejas acuden a fornicar, un lugar de tinieblas. Nunca me imaginé que el Espíritu Santo fuera a entrar a semejante lugar para tocar a esta mujer.

David dijo del Espíritu Santo:

> "¿A dónde me iré de tu Espíritu? ¿Y a dónde huiré de tu presencia? Si subiere a los cielos, allí estás tú; y si en el Seol hiciere mi estrado, he aquí, allí tú estás. (…) Si dijere: Ciertamente las tinieblas me encubrirán; aun la noche resplandecerá alrededor de mí. Aun las tinieblas no encubren de ti, y la noche resplandece como el día; lo mismo te son las tinieblas que la luz".
>
> —Salmo 139:7–9; 11–12

Vi entrar a aquella mujer llorando y corriendo. Vino directo a donde yo estaba, me abrazó y en un llanto incontenible me dijo: "Necesito que Dios me perdone, ¿qué hago para que me perdone?", y me contó lo que le había sucedido. La vi rendir su vida a Jesús allí de rodillas, y el deseo de volver a su hogar en compañía del Espíritu Santo de Dios. Fue para mí una enseñanza preciosa acerca de la omnipresencia del Espíritu Santo.

Él es eterno, santo y omnisciente

Puedes ir al primer libro de la Biblia, y allí en Génesis 1, 2 ya se está hablando del Espíritu Santo. Ve al último capítulo del Apocalipsis y oirás hablar allí del Espíritu Santo. Este atributo sólo le corresponde a Dios. Él es eterno. Además es santo, su mismo nombre, Espíritu Santo, evoca este atributo pues hay espíritus que no son santos. Dice Pablo que Él conoce lo profundo de Dios, y aun añade:

> "Así tampoco nadie conoció las cosas de Dios, sino el Espíritu de Dios".
>
> —1 Corintios 2:11b

Él es omnisciente, todo lo sabe. ¿Sabes? El pensamiento que tienes ahora Él lo conoce.

En una ocasión fui con un hermano mío a hacer una diligencia—él me acercaba en su carro—, pero me pidió el favor que lo acompañara primero a una oficina a dejar una carta. Cuando llegamos, me senté cerca de la secretaria y Dios me dio una palabra para ella, le dije: "Quiero decirle algo, anoche usted estaba de rodillas llorando y reclamándole a Dios: "¿Por qué me quitaste a mi madre? (hacía dos meses había muerto), y ¿por qué ahora mi esposo me abandona y estoy sola con mi pequeña hija? Dios, si tú existes en alguna parte, házmelo saber, ayúdame"".

Aquella mujer sorprendida me dijo: "Nadie, nadie podía saber esto. Mi hija estaba dormida, es pequeña, y yo me encerré a solas, ¿cómo sabe usted eso?". Le respondí: "Yo no lo sé, el Espíritu

Santo me lo dijo, porque Él todo lo conoce, Él es Dios". Esto la conmovió tanto que entregó su vida a Jesús esa tarde.

Es una persona

En ocasiones se nos ha presentado al Espíritu Santo tan débil como una paloma, o tan impersonal como un viento recio, o como lenguas de fuego; pero además de ser Dios, "es una persona".

Cuando te habla no es el viento recio ni el aceite, es una persona real con la que puedes tener comunión. Pablo nos exhorta a tener comunión con Él:

> "y la comunión del Espíritu Santo sean con todos vosotros. Amén".
>
> —2 Corintios 13:14b

El Espíritu Santo tiene los atributos de una persona: intelecto, sentimientos y voluntad.

Martha, una fiel oyente de nuestros programas radiales, en una ocasión llamó pidiéndome un consejo acerca de Arturo, su esposo. Dijo que hacía ocho años vivían separados aunque estaban en la misma casa, que él no deseaba nada con ella pues tenía otra mujer desde aquel entonces. Quise darle mi consejo como lo haría cualquier pastor, pero ella me desarmó diciéndome: "He hecho todo cuanto me han dicho. He orado, ayunado, he hecho guerra espiritual, he ungido todo, he dado gracias, pero nada ha pasado en estos ocho años". La situación era difícil para mí, como consejero, pues vi la sinceridad de Martha, ella no dudaría en poner en práctica y creer el consejo que le diera, pero en ese momento carecía de él. Recordé entonces el pasaje bíblico del libro de Romanos que dice:

> "Y de igual manera el Espíritu nos ayuda en nuestra debilidad; pues qué hemos de pedir como conviene, no lo sabemos, pero el Espíritu mismo intercede por nosotros con gemidos indecibles. Mas el que escudriña los corazones sabe cuál es la intención del Espíritu, porque conforme a la voluntad de Dios intercede por los santos".
>
> —Romanos 8:26–27

Entonces pedí dirección al Espíritu Santo, pues Él tiene intelecto y sabe cómo debía orar conforme a la voluntad de Dios, y si pedimos conforme a su voluntad, sabemos que tenemos la respuesta a nuestra petición (1 Juan 5:14–15). Me dijo: "Oren por Lucía, la mujer con la que él está saliendo", y así lo hicimos.

Tiempo después fui visitado para consejería por un hombre quien me contó que "…desde hacía ocho años no convivía con su esposa, aunque estaban viviendo en la misma casa, y que tuvo una amiga llamada Lucía por mucho tiempo, la cual últimamente no quería saber nada de él, pues se había hecho cristiana, estaba asistiendo a una iglesia y era una mujer completamente diferente". Él se sentía solo y ya no sabía qué hacer. Era Arturo, el esposo de Martha. Este hogar se ha restaurado y siento gran gozo y agradecimiento con el Espíritu Santo. Cuando en nuestras conferencias este hombre se acerca a mí y me saluda, su mirada es limpia. A la vez nos goza ver a su esposa en nuestro equipo de intercesión, alguien que sabe la importancia del Espíritu Santo en su oración; y a Lucía, la nueva cristiana, una mujer que testifica a diario con poder, como una nueva criatura, entregada a Dios y un instrumento de bendición que cualquier persona anhelaría tener en su congregación.

El Espíritu Santo tiene sentimientos. El apóstol Pablo dice:

> "y no contristéis al Espíritu Santo de Dios".
>
> —Efesios 4:30

El enojo, la ira y otras cosas como la gritería y la maldad, le contristan; es como si le hirieran, Él es sensible. Te animo a que seas consciente y *no apagues al Espíritu* (1 Tesalonicenses 5:19). La incredulidad también apaga al Espíritu. He visto en muchos servicios y campañas en las que he sido invitado a predicar cuando el Espíritu Santo, en la quietud de la oración, comienza a tocar las vidas y ellos son quebrantados, no hablo de emocionalismo, fruto de una agitada alabanza (no estoy en contra de esto), hablo de "estar quietos y conocer que Él es Dios" (Salmo 46:10). Entonces Él comienza a obrar y enseguida, quien está dirigiendo, detiene en seco lo que el Espíritu de Dios ha comenzado a hacer, sea porque no sabe cómo manejar la situación, o porque teme al silencio; pero veo cómo el Espíritu es apagado, como si Él saliera calladamente de ese lugar; yo quisiera salir corriendo de allí con Él, pues es todo lo que tengo y lo único que deseo tener.

Capítulo 7

UNA FRASE QUE CAMBIÓ EL DESTINO

Yo me encontraba en un momento dorado con el Espíritu de Dios. Lo adoraba y pasaba largas horas con Él sin darme cuenta. Cualquier tiempo que pasara con Él se me hacía corto, estaba viviendo cosas tremendas en mi intimidad con Él. Puedo comparar lo que vivió David enfrentando al oso y al león con mi propia experiencia.

Lo digo con humildad, sin ser pretencioso. Esas cosas que ocurrían en mi devocional, eran una preparación para el futuro. ¿Acaso no es el mismo Dios? La Biblia declara que Él no da su Espíritu por medida (Juan 3:34). Es el mismo Dios. Y ahora que lo pienso, fue allí en su presencia donde aprendí a enfrentar a mis gigantes; es ahí donde he aprendido a pelear todas mis batallas, a sus pies.

Los días que siguieron fueron una verdadera escuela en el Espíritu y algo comenzó a ocurrir, algo comenzó a pegárseme, pero yo no lo sabía. La gente entraba a mi estudio y se quebrantaba, o cuando oraba en la oficina y salía por alguna razón, los veía llorando o postrados junto a mi puerta y me decían: "Pastor, lo que aquí sentimos mientras usted está dentro orando nos lleva a arrodillarnos, nos hace llorar, es algo glorioso; ¿qué sucede allá?".

Todo estaba ungido por el Señor. Las grabaciones de las prédicas se hacían de una forma muy rudimentaria, se las pasaban de mano en mano y después nos llegaban los reportes de lo que Dios hacía con esos casetes, porque era lo que se usaba en aquella época. Recuerdo que uno de estos llegó a manos de un guerrillero, que tiempo después logró escaparse del grupo al que pertenecía. Posteriormente nos contaron que por el mensaje de ese casete, se había entregado a Cristo, no quería otra cosa que consagrar su vida por entero al Señor y, de hecho, hoy es pastor. ¿No es maravilloso?

Yo no sabía que todo esto ocurriría hasta que el Espíritu Santo me dijo: "Lleva mi presencia a la iglesia". No tenía idea de que por causa de mi entrega a Él, no sólo yo, sino todo a mi alrededor, cambiaría.

Todo comenzó con nuestro buen deseo de crecer como iglesia utilizando algunos métodos que a otras congregaciones les habían funcionado bien. Decidimos que implantaríamos el sistema de discipulado personal. Capacitaríamos a diez líderes y cada uno lo haría a su vez con siete personas más. Pasados tres o cuatro meses, cada una de esas siete personas haría lo mismo con cinco personas, y de este modo nos multiplicaríamos.

Así comenzamos a orar por la bendición de Dios para nuestro trabajo. Ante la imposibilidad de conciliar el sueño, pensaba en cuántos seríamos en cuatro meses, ocho meses, dos años…En mi mente veía miles. En horas de la madrugada me arrodillé y oré diciendo: "Señor, tu Palabra dice que a su amado dará Dios el sueño, ¿por qué no puedo dormir?".

Entonces la voz del Espíritu Santo habló a mi espíritu: "No te preocupes por los números, lleva mi presidencia a la iglesia".

Mientras clamaba a Dios llegué a creer que temblaría esa primera mañana luego de semejante Palabra. Serían las seis de la mañana cuando nos reunimos para orar. Éramos dos personas que vivían muy cerca, mi esposa Patty y yo. Tomé el liderazgo en la oración por dos razones: la primera, porque yo era el pastor, y la segunda, porque el Espíritu Santo me había inspirado para que clamara por su presencia. Oramos esta mañana por casi dos horas. Estaba postrado con el rostro sobre el tapete y expresé así mi ruego: "¡Señor, danos hoy tu presencia!". Recuerdo que grité con intensidad mi petición. Esperé que el lugar temblara, o quizá apareciera una señal, pero nada de esto sucedió. Entonces, en un momento, Patty levantó su mirada y dijo: "El Señor me dice que si queremos su presencia, Él demanda de nosotros humildad". Eso fue todo.

Luego leí lo que dice Dios en el libro de Isaías:

> "Porque así dijo el Alto y Sublime, el que habita la eternidad, y cuyo nombre es el Santo: Yo habito en la altura y la santidad, y con el quebrantado y humilde de espíritu, para hacer vivir el espíritu de los humildes, y para vivificar el corazón de los quebrantados".
>
> —Isaías 57:15

Este texto dice que Él hace habitar su presencia con el quebrantado y el humilde de espíritu. La Escritura nos enseña que Él mira de lejos al soberbio. Entonces reconocimos dónde estaba la clave y dijimos: "Si no somos humildes, el Santo nos retirará su presencia".

¡Humildad! Esta era nuestra tremenda responsabilidad. Uno a uno fuimos recibiendo los principios sobre los que se fundamentaría nuestro avivamiento; humildad era el primero. Recordé lo sucedido a un predicador evangelista que vino a compartir sus enseñanzas sobre la sabiduría que Dios le dio para predicar.

Tenía un grave problema: el orgullo. Miraba con desprecio a otros pastores. Dos de ellos me contaron que al solicitarle oración, los trató con menosprecio y altivez. Este evangelista regresó a su país e inmediatamente perdió la voz. Cuando recordé este incidente, corrió un escalofrío por mi espalda. Entonces me postré diciendo: "¡Señor, acepto tu demanda, hazme humilde!".

Debo recordarme este suceso porque sé de muchos predicadores que han tropezado con la misma piedra que yo, y con ellos reitero mi plegaria: ¡Oh sí, Padre, revístenos de humildad!

Posteriormente, el Espíritu Santo nos llevó a recordar un evento particular de la vida de Kathryn Kuhlman que impactó profundamente nuestras vidas y ministerio. Durante algunos años, ella había desobedecido a Dios y su ministerio se apagó. Muchos amigos cercanos la vieron llorar de arrepentimiento. Pero una tarde en California, mientras caminaba pensativa, llegó a un lugar donde había un letrero que decía: "Calle sin salida". Ella describió más tarde ese mismo lugar como aquel en donde literalmente murió. Hasta ese entonces, ella no conocía el poder del Espíritu Santo. Aquella tarde sólo sabía que le había llegado el momento definitivo. Renunció a todas sus pretensiones y frente a ese letrero dio la vuelta y se rindió definitivamente a su amado Salvador, el Señor Jesucristo.

Hago mención a este evento porque aquella mañana, mientras clamábamos a Dios con mi esposa que Él nos diera su presencia, escuchamos al Espíritu Santo decirnos algo similar: "Si quieren mi presencia, yo les pido rendición total".

Dice el Señor: "¿Quién es el que me ama?".

"El que tiene mis mandamientos, y los guarda, ése es el que me ama; y el que me ama, será amado por mi Padre, y yo le amaré, y me manifestaré a él".

—JUAN 14:21

Es muy claro: el que quiere que Jesús se manifieste en su vida, debe obedecerle y tomar la decisión de "rendirse totalmente". Kathryn fue una semilla bien dispuesta y el fruto fue evidente.

Entonces le dije a mi Señor con todo mi corazón: "Me rindo a tu voluntad, no quiero momentos en los cuales yo decida mis propios planes, sólo deseo hacer tu santa voluntad". ¡Rendición total! ¿Cuál es el precio? Morir, si es necesario. Así lo llamó Kathryn Kuhlman.

¡Cada día muero!, dijo el apóstol Pablo. El Señor Jesús lo manifestó así a sus discípulos:

> "Si alguno quiere venir en pos de mí, niéguese a sí mismo, tome su cruz cada día, y sígame".
>
> —LUCAS 9:23

Aunque estuvimos reunidos orando durante toda la semana, sólo hasta el cuarto día Dios comenzó a manifestarse y en el séptimo, nos reveló su mandato: Creer. ¡Creer! Eso fue lo que nos reveló: Si quieren mi presencia entre ustedes, sólo créanme".

En una ocasión asistí a unas reuniones en New Orleans, Estados Unidos, y vi la gente rodar por el piso. Estos hombres y mujeres parecían niños riendo y gozando la presencia del Espíritu de Dios bajo una unción fresca de gozo.

Regresé pronto a mi país, pues a la mañana siguiente viajaría a Cuba para predicar en la *Asamblea Nacional de Jóvenes*. El primer día predicaría en una iglesia muy bendecida por Dios y de ahí en adelante estaría en la Asamblea en la ciudad de Cienfuegos. Finalizaría predicando en una preciosa iglesia de La Habana para terminar mi estadía en ese país.

Cuando estaba allí frente al púlpito, comencé a pensar en el gozo que había visto en New Orleans y me dije: "¿Quién más que esta iglesia necesita gozo en medio de sus tribulaciones y persecuciones?". Así que oré a Dios: "Señor, por favor imparte tu gozo en esta iglesia". No sabía cómo ministrar el gozo del Espíritu Santo, de modo que me angustié mucho. Ahora mi pregunta era: "¿Cómo debo actuar?". Entonces el Espíritu Santo me recordó: "¿Quieres mi presencia en esta iglesia? ¡Sólo cree!". Yo exclamé en oración como el profeta Eliseo: "¿Dónde está Jehová el Dios de Elías?". Inmediatamente la gente comenzó a expresar su alegría de una manera maravillosa y al mismo tiempo muchos comenzaron a sollozar, otros se sanaron de sus enfermedades, fue toda una fiesta espiritual.

Esta unción aumentó en la ciudad de Cienfuegos. Pareciera que el nombre es profético en lo que se refiere al fuego del Espíritu: ¡Cienfuegos! En relación a lo que allí vivimos en esa *Asamblea Nacional de Jóvenes*, el fuego del Espíritu de Dios y su bendición se hicieron presentes sobre ministros del Evangelio de Cristo y misioneros. El pastor Ricardo Pereira me llamó unos días después y me contó que cuando ellos siguieron su viaje hacia el oriente del país, el Espíritu Santo se hacía presente y ocurría lo mismo, ¡Aleluya!

El señor Russell, un misionero de Homestead, Florida, por quien yo había orado en la ciudad de La Habana, vino a Bogotá una semana después y predicó en nuestra iglesia. Con mucho entusiasmo nos contó que después de esa reunión, había ido a predicar a una iglesia donde la unción del Espíritu Santo se hizo presente. Ellos también creyeron…Creer, ¡ese es el llamado! ¿No te he dicho que si crees, verás la gloria de Dios? (Juan 11:40).

Por lo tanto, cada día que pasa entiendo mejor lo que el Espíritu Santo nos quiso enseñar cuando cierta mañana nos habló sobre ¡No tocar su gloria! Esta fue la cuarta palabra que recibimos durante aquellos siete días de oración. Ahora lo entiendo mejor. El Señor Dios nos dijo claramente: "No toquen mi gloria". Desde entonces estoy muy tranquilo pues no tengo nada que ver con lo que sucede.

Dos meses después de comenzar esta nueva relación con Él, quise contarle a la iglesia en un sencillo mensaje de domingo acerca de "Mi amigo, el Espíritu Santo". ¡Qué poderoso impacto ocurrió! Esa pequeña iglesia se llenó de su presencia, la gente caía de rodillas, lloraban tumbados debajo de las sillas, déjame aclararte que esto jamás había ocurrido allí, traté de entonar un coro pero fue imposible pues los músicos estaban tendidos sobre los instrumentos, no sólo lloraban, estaban embriagados del Espíritu, parecían borrachos, no logré que tomaran compostura.

Fue entonces que lo entendí: El Espíritu Santo quería que todo lo que yo estaba viviendo con Él en mi lugar secreto también fuera llevado a la iglesia. Mis ojos fueron abiertos y con total claridad supe que debía devolverle el lugar que a Él le pertenece. El Señor Jesús nos lo envío para que estuviera con nosotros y dirigiera la iglesia, pero nosotros tomamos su lugar y lo desconocemos. A partir de ese momento le entregamos el control de la iglesia a Él, le dijimos: "Pastoréanos, Espíritu Santo". Él nos ha estado enseñando a dirigir los servicios conforme su voluntad, a movernos como quiere. Créeme, no es fácil, pues no nos gustan las cosas que no podemos controlar y frecuentemente debemos recordar que Él es el dueño, el Señor, y rendirnos de nuevo ante su presencia.

Pero, y ¿qué pasó luego? Ahora la iglesia tenía un nuevo pastor. Él comenzó a traer frescura, y todos los esfuerzos para tener éxito y para que la iglesia comenzara a crecer, terminaron. Los planes que Él tiene para nosotros, todos, traen ese sello de perfección, esto es algo que comparto con mucha frecuencia en medio de los pastores, jamás el Espíritu Santo se vio derrotado, Dios jamás ha perdido una batalla. ¡Nunca! Y no la perderá. Él no nos llamó para vivir de fracaso en fracaso, sino de victoria en victoria.

La iglesia comenzó a crecer y a hacerse sólida, mucho más madura, ya no hago planes y luego le ruego: "Señor, por favor, bendícelos", algo que se hace tradicionalmente en el afán de servir a Dios y desarrollar estrategias exitosas en las iglesias. No, ahora le ruego que me haga saber sus planes porque estos ya traen la bendición.

La gente empezó a venir, a traer a sus familias y amigos. Fue entonces cuando el Espíritu del Señor nos mandó a hacer el primer servicio de milagros. Fuimos al mejor auditorio que había en nuestra ciudad, lo hicimos con un gran esfuerzo pues la iglesia apenas estaba comenzando a crecer. Repartimos las invitaciones, anunciamos el evento como mejor pudimos. La verdad, Patty y yo nunca habíamos visto un servicio de milagros, pues eso fue en el año 1993 y en Colombia no se presentaban programas con contenido cristiano como los transmitidos en la televisión por cable. Además no teníamos acceso a los canales locales que luego nos asignaron. De modo que nosotros no teníamos ni idea sobre cómo realizar un servicio de milagros, pero el día señalado, ahí estábamos Patty y yo, obedeciendo al Señor. Sólo recordamos aquellas palabras: "Se necesita rendición total a la voluntad de Dios y sobre todo, creer".

Las piernas, literalmente, nos temblaban. Recuerdo que nos asomamos por una rendijita para mirar hacia dentro del auditorio, y para mi sorpresa el lugar estaba repleto, no había un pasillo por dónde caminar y como si fuera poco, me informaron los ujieres que habían tenido que cerrar las puertas y docenas de personas habían quedado afuera pues no les permitieron la entrada, no había más espacio. Me volví a mirar a Patty y le dije: "Amor, ¿qué vamos a hacer? No sé para qué abrí mi bocota y anuncié "servicio de milagros". Habría podido invitar a una conferencia sobre el Espíritu Santo, pero ¿milagros? ¡Dios mío, en qué estaba pensando!".

Subimos a la plataforma, oramos para comenzar la reunión y adoramos a Dios por su excelsa majestad. Después prediqué acerca de la presencia de Dios y la obra del Espíritu Santo.

Recuerdo que en cierto momento durante el sermón, hice a Dios la siguiente pregunta: "Señor, ¿qué quieres que yo haga?".

Cuando terminé de predicar nos miramos asustados. Con esa mirada nos estábamos preguntando qué más hacer, por lo que sentimos que debíamos hacer silencio y callar. Hablo de ese silencio en que no se escucha nada más que la tenue melodía el piano. Una suave melodía envolvía la multitud. La atmósfera se cambió, era cálida, suave, deliciosa. En ese momento el Espíritu Santo nos permitió ver las lágrimas que corrían por las mejillas de algunas personas.

Sentí su presencia, Él estaba ahí. Mi nuevo y maravilloso amigo se hizo cargo de todo. Cuando entró vino una calma profunda, pues supe que nada podía salir mal. El pastor de la iglesia sabía lo que debía hacer y lo hizo: los milagros comenzaron a ocurrir, no hubo imposición de manos ni oraciones de solicitud, lo que hubiera podido interpretarse como robarle la gloria a Dios. La gente caminó hacia aquella tarima totalmente sana y los testimonios de algunos fueron recibidos con aplausos de alabanza a nuestro buen Dios. Parecía que tuviéramos toda la experiencia de hoy, todo se movió con absoluto orden, y cómo no, si allí estaba el dueño de mi vida.

Desde ese día el llamado a salvación es mucho más sencillo. La gente camina hacia el altar porque la lleva el Espíritu Santo con el fin de que rinda su vida Jesús. ¡Esto es maravilloso! Cuando veo su obra cada día, me digo a mí mismo: "Es su poder, es su toque santo", por lo tanto, ¡suya es la gloria!

¿Sabes que hay tremenda unción cuando nos decidimos a obedecerlo y a dejarlo a Él actuar, cuando nos rendimos totalmente y sólo lo seguimos? Siempre estamos desafiando a los pastores, en todo lugar donde nos invitan, y les decimos: "Hermano, lánzate y créele a Dios por esta maravillosa unción de milagros, ya que no está reservada para unos pocos. Es más, el Señor nos dejó el mandato de ir y sanar a los enfermos y liberar a los oprimidos (véase Marcos 16:15–18). Él no te va a ordenar que hagas algo que tú no puedes hacer. Créeme, está ahí para ti, sólo tienes que tomarlo, y dejar que Él haga todo lo que ha prometido hacer". Muchas veces los pastores me responden: "¿Y si no se sanan?". Tal vez tú también estés pensando lo mismo, pero yo te pregunto: "¿Y si se sanan? ¿No sería tremendo para ti comenzar desde este mismo momento a vivir la más poderosa aventura con el Espíritu Santo? El único que tiene algo que perder es Satanás".

El Señor me enseñó ese día una poderosísima verdad espiritual: "Nadie puede tener el poder de Dios sin el Espíritu Santo". Jesús dijo:

> "Recibiréis poder cuando haya venido el Espíritu Santo sobre vosotros y me seréis testigos (…) hasta lo último de la tierra".
>
> —HECHOS 1:8

Así que haber traído la presencia de Dios a la iglesia abrió la puerta a los milagros y a tremendas cosas que desde entonces he vivido y ministrado. Quiero enseñarte algo: No es cuestión de religión o de emociones, es una realidad que Dios está dando a conocer a su iglesia y sé que es la preparación para este tiempo final.

Si me acompañas, en los próximos capítulos voy a compartir muchas experiencias que nos han bendecido grandemente y por falta de tiempo no lo había podido hacer. También porque creo que este libro, junto con nuestra biografía, se convertirán en nuestro legado. Patty y yo así lo creemos. Razón por la que me he permitido abrir el baúl de mis tesoros y no reservar nada que te pueda ser útil.

Capítulo 8

TENEMOS UN NUEVO PASTOR

Nunca los grandes esfuerzos por conquistar almas para Cristo dieron resultado durante los primeros años de ministerio. Y pudimos seguir así, sin éxito alguno, de no ser porque trajimos la presencia del Espíritu Santo a nuestra vida y a nuestra iglesia. Teníamos tremendas ideas, buenísimas, cada semana inventábamos algo nuevo y lo poníamos en práctica, el desgaste fue muy grande y los resultados escasos. Sin embargo, el recuerdo de esos primeros años siempre será grato. Y también debo reconocer que fue toda una escuela. ¿Quién no sabe que para poder graduarse en la universidad es necesario haber hecho el preescolar, la educación básica y la media? ¿Puede una cosa tan simple como aprender a colorear y recortar papel servirnos de ayuda en el futuro? Seguro que sí. Así como estos primeros pasos que dimos para Él, si bien parecían insignificantes, contribuyeron a lo que somos hoy como pastores y a lo que es el Centro Mundial de Avivamiento.

En la actualidad es muy fácil oír hablar a las personas acerca de sus posesiones de esta manera: "Tengo un "maravilloso" auto, una "majestuosa" casa, o un traje "súper increíble"". O tal vez oyes a alguien hablar de su "adorado" perro, y yo te pregunto: ¿Cómo puede comparase cualquier pequeñez de esas con las grandezas de nuestro Dios? Por eso, en este libro los adjetivos se quedan cortos al tratar de calificar sus obras. No se trata de un lenguaje pomposo ni de expresiones adornadas, ya que en la Biblia describe al Señor como el Gran Dios. Esta palabra "gran" en el griego se traduce como: "mega", "mega-Dios", y vemos entonces que la Biblia hace referencia a sus "megamilagros", "megamaravillas". La gran cena como la "megacena". Él es nuestro "mega-Dios", y si vas a seguirlo de ahora en adelante, es mejor que te acostumbres que con Él todo es así: "mega".

Intentar consignar en unas pocas páginas todo lo que Dios ha hecho por medio de nuestro ministerio es imposible, pero trataré brevemente de relatar algunas de las maravillas de las que he sido testigo pues el autor siempre ha sido Él. Toda la gloria y toda la honra son para Dios, con estos testimonios pretendo exaltar la obra maravillosa del Señor Todopoderoso en nuestro ministerio desde el momento que lo entregamos en sus manos.

Los milagros

Estábamos ministrando en una pequeña ciudad de nuestro país, cuando de pronto creí que el techo del teatro donde desarrollábamos nuestra reunión se había desplomado, porque cerca de diez personas cayeron al suelo gritando en un mismo sector, y pregunté: "¿Qué pasó ahí?". Fue algo rápido e indescriptible, vi como si algo hubiera caído del cielo. Patty acababa de dar una palabra de ciencia, los ujieres corrieron para levantar las personas y por último levantaron a una mujer con su niño de unos seis años. Ella gritaba: "¡Está sano, está sano, mi niño era totalmente sordo de nacimiento y Dios lo ha sanado!". La unción que vino fue tan fuerte que derribó a la madre con su niño y a quienes estaban alrededor de ellos.

Esta señal se convirtió en un sello de nuestro ministerio. Había leído en las biografías de Wesley, Edwards y Finney, que las personas caían al piso sin ser tocadas por ningún ser humano cuando el Espíritu Santo venía sobre ellas, yo había pedido algo así para nuestro ministerio; pero esto era diferente. Con estos siervos de Dios, la gente era derribada al piso en una unción de arrepentimiento; en nuestro ministerio ha sido en el momento de los milagros. Cuando la unción está fluyendo con poder, la gente comienza a caer al piso, entonces los ujieres ya saben que estas personas están totalmente sanas y las tienen que llevar cargadas cincuenta u ochenta metros hasta la plataforma, pues no se pueden parar por sí mismas. No puede ser la obra de un hombre ¡no es posible! Éste es nuestro poderoso Dios, es el Espíritu Santo trayendo avivamiento a su iglesia. Es mi amigo.

Quiero explicarte un poco más acerca de las personas que caen al piso. Creerás que en el *Centro Mundial Avivamiento* la gente, como en una especie de "cultura religiosa" se cae al piso, así como en otros lugares algunos se ríen, otros tiemblan, gritan o se mueven de manera extraña. Pero no, ésta no es una "manía" de nuestra iglesia, muchas de esas personas jamás han estado en un servicio cristiano, vienen invitadas por alguien y cuando las entrevistamos declaran no saber qué hacen en la plataforma, o cómo llegaron hasta allá. Pero lo cierto es que no pueden parar de llorar porque el tumor ha desaparecido, o la artritis o cualquier enfermedad que padecían ya no está. Sencillamente, sin saber cómo, de un momento para otro están testificando sobre el poder de Dios en sus vidas al sanarlos.

Recuerdo el caso de una mujer que entró corriendo a la iglesia un domingo en la mañana, estaba huyendo de unos ladrones, pero al ver nuestra iglesia abierta y llena de gente, todo lo que pudo hacer fue refugiarse con nosotros. Estaba parada detrás de una columna y Dios la tocó. Cuando la llevaron a la plataforma, ella testificó: "No sé lo que hago en este lugar y menos cómo llegué hasta la plataforma, yo estaba escondida porque unos hombres me querían atracar y de pronto, me caí al piso". Entonces le pregunté: "¿Estaba enferma de algo?". "Sí, tengo… ¡oh, no!, tenía un tumor de cáncer en mi vientre y ya no está". Los médicos la examinaron, ella también se oprimía fuertemente el vientre pero no encontró nada y comenzó a llorar, no podía creerlo, estaba totalmente sana, en ese mismo instante le entregó su vida al Señor.

Actualmente hay muchas personas que se atreven a decir: yo tengo el don de hacer sanidades o el don de hacer milagros. Esas personas dan a entender que tienen potestad para decidir a quién sanan. Generalmente se sienten ungidos para efectuar estos actos espirituales. Pero humildemente confieso que he estado en algunos lugares donde Dios ha hecho milagros y he aprendido que no le puedo decir al Espíritu Santo: "Ven y sana a este o a aquel". ¡No! El Espíritu Santo es quien me dice: "Dile a esta persona que la estoy sanando". Otras veces me dice: "Pon la mano sobre esta persona porque la voy a sanar". También le he escuchado decir: "Haz esto porque voy a ministrar a mi iglesia, o a mi pueblo". Es Él quien me dirige.

No hay servicio o reunión, grande o pequeña, en la cual el Señor me permita ministrar, en la que haya dejado de ver milagros o poderosas sanidades en cientos, miles de personas que han sido sanadas en todos estos años y por eso siempre me maravillo cuando veo la grandeza de Dios manifestada a favor de su pueblo. Nadie que ha visto el poder del Espíritu Santo puede tocar la gloria de Dios, porque lo primero que comprende es que nada tiene que ver en el milagro. Sencillamente el milagro se sale de tus manos. Los milagros suceden y tú estás ahí maravillado con lo que Dios está haciendo. Cuando lo veas, no tomes para ti su gloria, ¡no la toques!, la gloria es toda para Él. Entonces conocerás que no eres tú el que lo hace, no es tu fuerza, es el Espíritu Santo.

En conclusión, procura que tu relación con el Espíritu Santo esté sometida a la voluntad de Él. El milagro, si lo hay, es únicamente efectuado por Él. Recuerda siempre: No es una parte de ti y una de Él. Es nada de ti y todo de Él.

Dependencia

En una de nuestras primeras conferencias en Bogotá, Colombia, la asistencia era grande. También había decenas de ministros y pastores, así que procuré dar lo mejor de mí. Prediqué con todo mi corazón, oré por unción, oré por los enfermos y si hubiese podido, habría brincado y gritado para que Dios se manifestara con poder. Pero algo estaba pasando, Él no fluía en esa reunión con toda libertad y me estaba angustiando, quería salir corriendo de allí. Estaba derrotado y le dije al Señor: "¿Qué hago?". En ese momento Patty se me acercó, siempre ministramos juntos en tarima, (ella tiene algo característico y es la forma cruda en que me reprende cuando algo estoy haciendo mal, pero es la manera en la que Dios me hace reaccionar; es realmente una gran bendición para mí) y me dijo al oído: "Ya has actuado tú, ¿cuándo vas a dejar actuar al Señor?".

Caí de rodillas en esa tarima. Allí en mi corazón le pedí perdón a Él y le dije: "Yo no puedo, hazlo tú Espíritu Santo, si no lo haces, entonces nada sucederá". Permanecí en silencio total por diez minutos, todos estaban en perfecto silencio. Durante ese tiempo lo único que sonaba era una melodía interpretada por los músicos, cuando de repente algo comenzó a suceder en el auditorio: las personas suavemente se fueron postrando, vi que el 80% de las personas estaban de rodillas. Pasados algunos minutos, había muchos a un lado y a otro de la tarima para testificar de esos grandiosos milagros que Dios hizo en ese tiempo de silencio. La unción permanecía y fluía por todo el auditorio. Rogué a Dios que los tocara a todos. Las personas caían al suelo en diversos lugares de este gran salón. Días después oí varios testimonios de hombres y mujeres que fueron sanos en el instante en que la unción los tocó y cayeron bajo el poder del Espíritu Santo. Fue más real que nunca aquel principio que aprendí mientras lo conocía: No con ejército, ni con fuerza, sino con su Espíritu.

Cuando veo a los enfermos en sillas de ruedas o padeciendo de enfermedades mortales, o a mujeres con carga de oración por sus hogares, y a muchas personas sin esperanza con un dictamen fulminante; me gozo de verlos venir a estas conferencias y servicios para golpear la única puerta que tiene salida: "El Dios todopoderoso".

Subo temblando a la tarima y me acerco al micrófono y hago una última oración: "Si tú no lo haces, nada sucederá. Si tú no subes conmigo a esta tarima, entonces sólo serán palabras y palabras. Ellos y yo estamos esperando por ti. ¿Qué harás hoy? Si ellos supieran que tengo la misma necesidad de aprender que ellos, y que soy totalmente dependiente de ti. Te necesito aquí. Ellos te necesitan".

No sé qué va a pasar al salir a la tarima, sólo sé una cosa; que si Él no sube conmigo, moriría porque no tengo nada en mí mismo para dar o decir. Él es todo lo que tengo, sólo deseo obedecerlo. Lo que Él me diga que haga, por absurdo que sea, lo haré. No deseo contristarlo, ni que sea contristado por nada. Es algo que tienes que saber: tú dependes totalmente de Él, y cuando Él viene todo está resuelto, sólo tienes que dejarte llevar por el Espíritu. No importa lo que te pida que hagas o digas, tú sabes que si lo haces, verás su gloria.

De un momento a otro viene el quebranto por todo el auditorio. Él trae arrepentimiento y salvación, muchas heridas en el alma son sanadas, vienen los milagros y sobretodo una atmósfera cargada de su presencia. Lo verás a Él haciéndolo cuando fluyas en la verdadera unción. Sabrás que nada tienes que ver, no es por tu voluntad o tu deseo que ellos se sanan, tú estarás tan sorprendido como todos en el auditorio por lo que Él decida hacer, y te gozarás con todos.

Por lo tanto, no podemos hablar de religión. Esto no es religión, es el poderoso Espíritu Santo de Dios que está junto a ti. A veces ni siquiera lo vemos, estamos tan embebidos en las cosas naturales que tampoco lo sentimos, ni lo podemos oír; pero eso no quiere decir que Él esté lejos de nosotros, pues realmente está allí, muy cerca de ti. Si sólo lo invitaras, si hicieras un alto en el camino y hablaras con Él, yo te aseguro que tu vida cambiaría radicalmente y Dios se manifestaría a ti de nuevas y diferentes maneras.

La gloria de Dios visita la tierra

Luego de haber comenzado a realizar los servicios de milagros se desató una persecución tremenda sobre nuestro ministerio. Oramos y el Señor nos dio la orden de escondernos por un tiempo. Me pareció muy sabio porque el Avivamiento que estábamos viviendo era como un niño recién nacido y había que cuidar de él. Pero al mismo tiempo Dios comenzó a visitar su iglesia en diferentes naciones: Comenzó un despertar glorioso, fuegos de avivamiento se prendieron en Argentina por mano de nuestros hoy amigos Claudio Freidzon, también con John y Carol Arnott en Toronto, Canadá, y en México Dios estaba visitando a Fernando Sosa. También en Pensacola, Florida, se oía acerca de un despertar espiritual. La tierra tenía una poderosa visitación en diferentes lugares al mismo tiempo con avivamiento y unción, fuego y milagros. Mi corazón ardía por salir y contar en las naciones que Dios estaba visitando a Colombia, pero la orden era permanecer quietos, a veces me parecía difícil obedecer, pero luego entendí que debía ser así.

Dios le dio un sueño a Patty, fue tremendo porque en él nos ministró todo lo que quería hacer en ese tiempo. Parte de lo que nos ministró fue acerca del crecimiento que Dios nos daría. No sería de la noche a la mañana sino paulatinamente, paso a paso, para que se mantuviera sólido y maduro. Patty decía: "Que Dios nos guarde de tener un ministerio que crezca como la palmera y se caiga como el coco". Por eso decidimos ser pacientes.

Con frecuencia los pastores me preguntan si no temo que este avivamiento termine algún día. ¿Saben que no? No temo que se apague, o peor aún, que un día concluya y te diré por qué: Este avivamiento no está fundamentado en una experiencia sino en una íntima relación con el Espíritu Santo, y mientras cultive esa amistad con Él, habrá avivamiento.

Capítulo 9

DEJAR HUELLA

Nuestros comienzos en los medios de comunicación fueron bastante singulares, parecía que todo estaba gris y no había nada que pudiera darle color. Dios nos había permitido tener un pequeñísimo programa de cinco minutos en la radio a las 10:45 p. m. Se llamaba *El centinela*, pero en medio de la persecución nos lo quitaron. El Señor tenía planes más grandes con nosotros. Hasta ese momento los cristianos nos sentíamos felices cuando pasaban una nota de un minuto en la televisión donde mencionaban al Señor Jesús. En mi corazón estaba el deseo de entrar en ese medio y tener un programa aunque fuera de cinco minutos. Acudí a los canales privados de televisión y lo que me ofrecieron, me molestó: treinta minutos a la 1:00 a. m. por un precio totalmente impagable y como si fuera poco me prohibían hablar de Dios. ¿Para qué quería eso? Mi idea no era hacer un programa de entrevistas o entretenimiento, yo quería predicar sin ninguna restricción ni limitación el precioso Evangelio.

Me fui muy enojado a casa y le llevé mi queja al Señor. Empecé una guerra espiritual sin cuartel, estaba decidido a ganar un terreno del que Satanás se había apoderado. La respuesta no tardó en llegar. Podrá parecer casual, pero créeme que no lo es. Los medios de comunicación entraron en una terrible crisis económica y los dueños de los canales privados fueron a rogarme que por favor tomara un programa, en muy buen horario y por un precio razonable. ¡Gloria a Dios! Luego vino el canal nacional y también nos abrió la puerta. Ahora estamos predicando a todo el país los domingos en un muy buen horario. Un sueño que se hizo realidad en nuestra generación, gracias al precio de la oración que pagaron los patriarcas, los pioneros del Evangelio en Colombia, estos preciosos hombres de fe. A pesar de que muchos de ellos no lograron verlo, pero hoy es una victoria, una gran conquista para el pueblo de Dios. En este momento nos parece totalmente normal prender el televisor y encontrar los canales cristianos; pero créeme, esas puertas estaban cerradas para los creyentes con cerrojos de bronce.

Esto no fue lo último que ocurrió, ya que jamás habíamos imaginado lo que iba a ocurrir. El gobierno de nuestra nación nos asignó un canal privado en Bogotá, el primer canal cristiano en Colombia. Luego se abrieron las puertas en el mundo entero para nuestro programa *Él puede hacerlo de nuevo*, que se transmite a través de la cadena Enlace Internacional, en horario triple por toda América Latina y los Estados Unidos. Enlace es un ministerio cristiano de un liderazgo, alcance y visión sorprendentes. Dios les ha regalado la gracia y el favor para penetrar en los medios como a ningún otro que yo conozca. Y ahora está llegando a Oriente Medio, África y Asia. Se ha traducido a varios idiomas como inglés, mandarín y coreano.

Por otra parte, está nuestra página de internet que es una de las más visitadas de Colombia. Los lunes se transmiten nuestros servicios de fin de semana y ese mismo día miles de personas los descargan. También hemos creado un nuevo ministerio llamado: "Ovejas y familias *online*". Hace años alguien decía que no tardarían en crearse las ciberiglesias y nos parecía una fantasía, como un cuento de niños, pero ahí están hoy estas ovejitas, siendo pastoreadas por nosotros sin importar el lugar donde vivan. Actualmente tenemos cuatro iglesias a las que llamamos *overflows* en las ciudades de Medellín en Colombia, Olavarría y Buenos Aires en Argentina, y en Miami y New York en los Estados Unidos, y es solo el comienzo, sabemos que pronto serán muchas más en Colombia y el mundo. Estas amadas ovejitas, a quienes cuidamos y pastoreamos con todo nuestro cariño, reciben la Palabra de Dios en auditorios similares al principal y, sirviéndonos de los beneficios de la más alta tecnología disponible en el mercado, podemos verlos a ellos y ellos a nosotros, y escuchar de su boca los testimonios de sanidad, salvación y provisión que Dios hace en sus vidas y familias en tiempo real.

Tal como sucede en Bogotá, nuestras ovejitas en los *overflows* se están preparando con toda dedicación para servir al Señor, y esta pasión por Él y su presencia es la chispa que encendió un avivamiento en estos lugares. Por eso es más fácil comprender el constante crecimiento a pesar de la distancia. Los hemos escuchado muchas veces cuando fuimos con Patty a ministrar, y a través de los mensajes de afecto que nos hacen llegar, que jamás se han sentido lejanos. Son de la casa y disfrutan de la misma gloria que se siente aquí. Son serviciales y amorosos y eso llena nuestro corazón de gozo y agradecimiento a Dios, que hace las cosas más insospechadas y maravillosas del mundo. No hay límite ahora para hacer la obra, no existen barreras, ni fronteras, ni excusas.

En todo aquello *que* nos dicen: "Eso es del diablo", ahí justamente nos hemos introducido. ¿Por qué? ¡Simple! No vamos a dejarle un solo lugar para dejarle a Satanás, porque él trabaja afanosamente para dominar la vida y la mente de los niños y jóvenes. De modo que tomé la delantera y entramos en internet con Youtube, y en las redes sociales como Twitter, Skype, Sonico, MySpace, Hi5 y Facebook, con asombrosos resultados.

Si bien es cierto que aparentemente fuimos derrotados en la radio, hoy en día nos transmiten de manera gratuita ya no en una emisora local, sino en cientos de emisoras dentro y fuera de Colombia. Por causa de su presencia, Dios nos llevó a conquistar la televisión y los medios masivos más grandes que existen a cambio de cinco minutos de radio a las 10:45 p. m. Si esta es una derrota…¡bienvenida!

Hace muchos años, recibimos una llamada desde una ciudad de Huila, Colombia. Era una mujer que había estado en una reunión de milagros y llevó varios casetes de audio a su ciudad. Ella comenzó unas reuniones en su casa para escucharlos y ese mismo día nos llamó para contarnos que una mujer con diabetes había sido tocada por Dios y estaba literalmente sana. Nos dijo también que otra mujer con una pierna inmovilizada por causa de un accidente sintió cómo crujían los huesos de su pierna, mientras los que estaban allí observaban con asombro cómo Dios la sanaba.

Cuando te rindes Él unge tu vida, tu adoración, tu alabanza, tu predicación, tu mensaje, tu ropa, todo…¡Todo! Eres ungido por Él como lo fue Pablo. Recuerda lo que la Escritura nos narra en Hechos 19:11-12:

> "Y hacía Dios milagros extraordinarios por mano de Pablo, de tal manera que aun se llevaban a los enfermos los paños o delantales de su cuerpo, y las enfermedades se iban de ellos, y los espíritus malos salían".

Dios ungió a Pedro con su sombra…

> "Tanto que sacaban los enfermos a las calles, y los ponían en camas y lechos, para que al pasar Pedro, a lo menos su sombra cayese sobre alguno de ellos. Y aun de las ciudades vecinas muchos venían a Jerusalén, trayendo

enfermos y atormentados de espíritus inmundos; y todos eran sanados".

—HECHOS 5:15–16

Dios obra milagros a través de estos medios tecnológicos y las sanidades nos muestran que Él unge todavía nuestros delantales. ¡Aleluya!

¿Habría yo de gastar tiempo y lugar hablando de mí en este libro? No, no lo haré, porque es clarísimo que el pastor del Centro Mundial de Avivamiento no soy yo, es el Espíritu Santo de Dios. No me cansaré de hablar, predicar y escribir acerca de Él y de las cosas maravillosas que hace y continuará haciendo en mi vida y en nuestro ministerio.

Si permites que el Espíritu Santo tome el control de tu vida y de tu iglesia, y sea el Pastor, el Consejero y el Líder, las cosas más remotas, aquellos sueños que tal vez enterraste porque se convirtieron en un imposible, Él los puede resucitar, no tienes nada que perder, sólo inténtalo y sé que me darás la razón.

El templo

Cuando el crecimiento en las iglesias comienza, creo que uno de los mayores problemas que enfrentamos es el lugar donde poder plantarnos y este no es solo un conflicto en Colombia sino a nivel mundial. Está la molestia por el ruido en zonas residenciales, el parqueo y el movimiento de multitudes, entre otras.

Nosotros nos encontrábamos en una encrucijada tremenda, no sabíamos qué hacer. Después de haber dado varios saltos por diferentes sectores de la ciudad, llegamos a un lugar en el que creímos que nos podríamos plantar, pero aún no había comenzado el crecimiento para nosotros. Felices, decidimos comprar. Por fin la sede propia. ¡Gracias a Dios! Este, creo yo, es uno de esos momentos más anhelados por los pastores y, una vez que lo logramos, el gozo es indescriptible ¿o no? Pero esa fue una alegría que duró poco, apenas pasaron unos meses ya no cabíamos en el edificio. Poco tiempo después estábamos realizando tres servicios los domingos, y tampoco era suficiente. Traté de comprar las propiedades a nuestro alrededor, pero no fue posible. Comenzamos a tener serios problemas con los vecinos, tan serios que nos demandaron dos veces ante las autoridades. Gracias a Dios ganamos en las dos ocasiones.

La señora de la casa vecina se convirtió en una pesadilla, todo el tiempo nos insultaba y agredía, llamaba a la policía para que nos multaran por dejar los carros en la calle. Pero esto no fue cosa de un solo día, cada fin de semana teníamos a esta señora encima nuestro gritando y amenazándonos. Un domingo, después de tanto insistir, vino la policía con grúa para llevarse los autos y de hecho se llevaron uno solo, el primero que encontraron, si te cuento cuál fue, sé que te vas reír: Sí, el de ella. ¿No te parece tremendo? Dios siempre pelea por su pueblo. Pero las amenazas de las autoridades eran cada vez más serias, ya habían clausurado dos iglesias de la ciudad y nosotros estábamos en la lista. En verdad no sabía qué hacer.

Pero el Pastor de *Avivamiento* sabía cómo movernos de aquel lugar. Él comenzó a deshacer el nido. ¿Deshacer el nido? ¿Cómo? ¡Sí! Igual que el águila cuando determina que ya es hora de que los polluelos inicien el vuelo. Así se lo mostró el Señor a una de nuestras hermanas del equipo ministerial. Entendimos entonces que la nube se estaba moviendo y era hora de levantar el campamento. Sorpresivamente, en una encuesta que hice para determinar hacia dónde dirigirnos, una gran mayoría apuntó al otro lado de la ciudad. Nunca había pasado por mi mente ese lugar, ¡nunca! Esa era la zona industrial de mi ciudad, la iglesia estaba ubicada al norte y esto era al otro extremo, pero es tremendo cuando Dios es quien te dirige.

Habíamos recibido una palabra profética acerca del cambio de sede, el Señor nos dijo que no tendríamos tiempo para construir y que nos llevaría para estar en una avenida principal. Esta palabra nos la dieron Ralph Wilkerson y su amada esposa Allene, importantes ministros de San Diego, California, amigos íntimos de grandes personalidades del Evangelio como: Kathryn Kuhlman, Benny Hinn, Oral Roberts y muchos otros. También nos profetizó acerca de la estación de televisión. Estuve recordando y escuchando las palabras proféticas y orando, fui uniendo las piezas y tomé la decisión de moverme.

No te voy a negar que con mucho temor mudamos la iglesia a la zona industrial; el día de inauguración yo esperaba, por la novedad, que la iglesia estuviera ocupada tal vez a la mitad de su capacidad, pues este nuevo lugar era tres veces o un poco más grande que el anterior. Patty y yo le pedimos intensamente al Señor que la gente no se nos rezagara y no se fuera a quedar ninguno por pereza, pues el lugar nuevo estaba bastante distante del anterior. Créeme, era un gran riesgo el que estábamos corriendo. Pero ¡oh sorpresa!, esa misma noche el lugar estaba hasta el tope, no había ni un pasillo libre por donde caminar. Afuera, la aglomeración con los carros fue un caos. ¡Qué extraordinario es obedecer a Dios y caminar con Él! En poco tiempo este lugar, aparentemente imposible de llenar, nos quedó pequeño de nuevo.

¿Una fábrica?

Mi sueño siempre había sido tener un hermoso lugar. Me inspiraba en esos preciosos templos en Norteamérica, de techos blancos, bien iluminados, pisos alfombrados, con un altar majestuoso y sillas de teatro; ese era mi modelo perfecto de templo, pero no el del Señor para nosotros.

El nuevo local al que llegamos fue tomado en arriendo, no teníamos un solo peso ahorrado para hacer absolutamente nada. Era una bodega que por cuarenta años había sido la sede de una fábrica de muebles muy importante en nuestro país. Nos parecía enorme, pero no era nada más que una vieja fábrica dividida en dos grandes bodegas, con una callejuela interna para el tránsito y parqueo de camiones. Era bastante fea y sobre todo difícil de arreglar. Intentamos mejorar un poco su apariencia, pero lo único que logramos fue gastarnos el poco dinero reunido y, lo peor de todo, es que el cambio no fue significativo.

De nuevo comenzamos a crecer y se hizo necesario arrendar la bodega anexa. El propietario todo el tiempo nos animaba para comprarla, así que decidí hacer un desafío a los hermanos de la iglesia y, poco a poco, fuimos reuniendo algún dinero. Cuando sentí que era el tiempo de comprar le hice la propuesta al dueño de ese lugar y para mi sorpresa él acepto. Le ofrecí lo único que tenía: el 5% del valor total de la propiedad, y el saldo lo dividimos en sesenta meses, cinco años en total. Así cerramos la negociación. Yo no quería endeudarme con ninguna entidad financiera y hoy esa sede es totalmente nuestra gracias al Señor.

Recuerdo que en el año 2008, con el equipo de arquitectos e ingenieros, se desarrolló un proyecto de remodelación parecido a lo que Patty y yo queríamos, pero los permisos comenzaron a tardar, un problema aquí y otro allá. Tampoco teníamos total paz porque los ingenieros plantearon que teníamos que salir de nuestro lugar por seis meses, aunque yo sabía que por lo menos sería un año. ¡Figúrate! Una iglesia de miles de personas dispersas quién sabe dónde; esto era una locura, parecía más un atentado contra el avivamiento.

Una noche estaba orando y preocupado le pregunté al Señor: "¿Qué hago Espíritu Santo? Dime qué hacer. Sólo tú tienes la respuesta". Y esto fue lo que me dijo: "Yo te di una fábrica, no trates de desaparecerla; por el contrario, resalta sus virtudes. Si Yo quiero tomar una fábrica y traer un avivamiento en ella, es justo eso lo que haré". ¡Inesperado! Pero este simple hecho ha permitido que muchos pastores con similares problemas hayan tomado como modelo nuestra "fábrica" y de este modo han podido solucionar lo que antes era un problema. Uno de ellos es el obispo Jesús Pérez, de Venezuela, que tiene su iglesia en un lugar que antes había sido una fábrica de licores. Cuando escuchó mi testimonio, se reía a carcajadas y me dijo: "Hermano, por fin se acabó la carga que he tenido, me sentía un poco mal por el pasado del lugar donde está mi iglesia, pero ahora, ¡gloria a Dios!, voy transformar ese lugar en una fábrica de vino nuevo".

Esto es de lo que quiero compartirte de Él, de "sus" planes, de sus obras sobrenaturales y extraordinarias, de ese Dios que sabe sorprendernos, quien nos da mucho más allá de lo que le pedimos o imaginamos, del Espíritu Santo de Dios. ¿Qué sería de nosotros sin Él?

Hoy, con mucho gozo, disfrutamos de tener una "fábrica de avivamiento". He tenido que comprar otras tres propiedades aledañas y hoy que el templo tiene capacidad para veinticinco mil personas sentadas, no damos abasto. Dios me dijo hace muchos años que no habría un lugar cerrado donde pudiéramos congregarnos y es lo que estamos viviendo. Hoy tenemos tres servicios el fin de semana y la gente se queda por fuera. Mientras escribo estas líneas estoy trabajando en el diseño de un nuevo templo, tal como el Señor me lo ha mostrado en su Palabra desde hace varios meses, el cual duplicará nuestra capacidad. Se construirá sobre este terreno que, para la gloria de Dios y después de algunos años, le pertenece al Centro Mundial de Avivamiento. El Señor me habló como a Salomón, diciéndome: "Edifica casa a mi nombre", y desde ese momento no he descansado en hacer todo lo que esté a mi alcance para ir a donde Él quiere llevarnos. Los pastores del ministerio me dicen: "Pastor, tenemos problemas: ¿dónde vamos a acomodar toda esta multitud?". "¡Benditos problemas!", los llamo yo. Siempre les digo: "Ese problema le pertenece al Pastor de avivamiento, no a mí". Yo estoy muy *tranquilo*, gozo de una paz que sólo se puede tener cuando confías totalmente en Él.

Capítulo 10

NO HAY ESTRATEGIAS

S in pretenderlo, y entendiendo que los planes de Dios son más grandes y perfectos que los nuestros, vimos con asombro la manera en la que Dios empezó a movernos hacia afuera, a las naciones. Pastores de otros países, impactados por lo que Dios estaba haciendo con nosotros, empezaron a invitarnos insistentemente para realizar congresos de unción y avivamiento para miles de pastores y líderes. De esta manera se dio comienzo al ministerio internacional. Nuestro ministerio ha estado muy enfocado en los pastores y líderes, porque creo que si un pastor se abre al Espíritu Santo, todo su pueblo puede ser afectado, no sólo él o su iglesia, sino que incluso su nación puede prenderse en un poderoso avivamiento.

Fue así como comenzamos a escuchar constantemente testimonios de estos pastores y líderes que nos habían invitado a realizar congresos, acerca de la cantidad inusitada de pastores asistentes. Esto me llenaba de gozo, pues para mí es una enorme bendición ver a nuestros consiervos envueltos en la unción del Espíritu Santo, abriendo sus ojos a esta maravillosa realidad de la presencia del Señor y postrándose para adorarlo.

Uno de los recuerdos más queridos que guardo en mi memoria ocurrió en México, en Ciudad Juárez. Víctor Richards nos había invitado a su convención para pastores y líderes. En la primera conferencia compartí acerca de la realidad del Espíritu de Dios. Esa mañana sentí una presencia muy especial: el Espíritu Santo estaba tomando su lugar. No había terminado de predicar y nadie había invitado a estos preciosos pastores al altar cuando uno por uno comenzaron a pasar y se postraban allí, bañados en lágrimas. De un momento a otro, como si fueran un solo hombre, comenzaron a gritar: "Espíritu Santo, perdónanos, perdón por ignorarte, te necesitamos, ven, por favor, Espíritu Santo. Ven, toma tu lugar". Fue algo tan poderoso, tan santo, que Patty y yo nos tomamos de las manos y decidimos bajarnos de la plataforma, pues sentimos que estos hermanos estaban viviendo algo demasiado íntimo. Él estaba en control y no nos necesitaba. Esto era algo entre Él y ellos, nosotros estábamos de más, sobrábamos en ese lugar. Volvimos dos horas más tarde y aún permanecían allí tendidos bajo su poderosa mano.

Si bien este es un impactante ejemplo, esta unción ha venido en aumento. Ahora, literalmente, corren al altar. No sé por qué lo hacen de esa manera, quizás este sea el cumplimiento de la profecía del profeta Jeremías:

"Y correrán al bien de Jehová, al pan, al vino y al aceite".

—Jeremías 31:12b

Otro aspecto fundamental que el Señor nos ha permitido ministrar en los lugares donde nos ha llevado, fue el de la unidad. Pastores que por años habían estado distanciados y manteniendo fuertes enemistades, allí delante de todos se piden perdón, se abrazan. Esos servicios son impresionantes: unidad, unción, milagros, presencia de Dios. Terminan en llanto, abrazos, danza y risas. Son una fiesta completa aquí en la tierra, pero yo creo que también en el cielo, seguro también allí nuestro Padre se goza al ver esa poderosa reconciliación, ya que las armas más poderosas utilizadas por Satanás contra la iglesia son la división y los celos.

En medio de esa tremenda unción se quebranta, se termina ese yugo y creo que este es un principio de restauración en las naciones: somos un solo pueblo, hijos de un solo Padre, pero a veces no nos damos cuenta. Después de esa restauración, la unción crece, la presencia de Dios se hace más tangible, esa unción que es transferible comienza a tocarlos, es algo asombroso, los pastores tienen que ser traídos por los ujieres casi a rastras, pues no se pueden mantener de pie.

Hoy tenemos reportes de muchos pastores que han tomado esta unción y han sido afectados por el Espíritu Santo y están comenzando a vivir un avivamiento en sus ministerios, afectando a otros ministerios con esta misma unción. Recuerda: esta es una unción transferible y no es para unos pocos, está disponible para todo aquel que quiera tomarla. Así que no se trata del ministerio de un hombre, sino de la presencia de Dios, disponible para todos aquellos que decidan rendirse a Él y le permitan dirigir sus vidas y ministerios.

Si deseas ver el poder de Dios fluyendo en tu vida, si deseas ser usado por el Espíritu Santo, no hagas tu voluntad, ríndela a su voluntad, es una de las experiencias más maravillosas que un creyente puede tener.

Dios me había dicho que un día, todos los que nos hacían la guerra de una manera tan encarnizada se asombrarían y se preguntarían: "¿De dónde han salido estos? ¿Quiénes son? ¿Dónde estaba todo este pueblo?" Y así fue. Para cuando volvieron a tener noticias nuestras, ya no podían detenernos, tal vez pensaron que con sus ataques y difamaciones nos habían exterminado, pero lo que ellos ni nosotros sabíamos es que éramos imparables.

Nos ocupamos tanto en la obra que no nos daba tiempo para escuchar lo que decían en contra ni a favor nuestro. Lo cierto es que Dios había hecho caer su temor entre nuestros enemigos.

Yo no sé si alguna vez te ha pasado con tus hijos que como los ves todos los días, no te das cuenta de cómo crecen. A veces cambian tanto que en nada se parecen a cuando eran pequeños. Y pasados los años te encuentras de repente con algún familiar al que por mucho tiempo habías dejado de ver y se sorprenden: "¡No puede ser! Uy, fulanito, qué grande está tu hijo y cómo ha cambiado". Bueno, algo parecido me ocurrió a mí.

En el año 2006 hicimos nuestro *Congreso Mundial de Avivamiento* en la iglesia. Tenía en mente alquilar el coliseo cubierto El Campín, con capacidad para catorce mil quinientas personas, pero ya lo habían arrendado. Traté de alquilar el estadio de fútbol, ya que era lo suficientemente grande, con capacidad para treinta y ocho mil personas sentadas, pero le estaban cambiando el césped. No me quedó otra opción que la plaza de eventos del parque Simón Bolívar. A este lugar le tenían temor hasta los artistas seculares y cristianos más reconocidos porque jamás habían logrado llenarlo.

El día que fui para conocerlo, me paré en un extremo de la plaza lleno de temor. Me pareció enorme, el más grande que había visto, y pensé con mucha incredulidad, y voy a ser sincero, que ese lugar era imposible de llenar. Me dije: "Si me va bien, se llenará la quinta parte, eso siendo muy optimista". Como no había otra solución y el tiempo apremiaba, lo tomé.

Desafiamos a la iglesia a trabajar juntos para llevar a sus familias y amigos. Hice instalar la tarima de modo que la plaza no se viera tan desocupada. El día tan esperado llegó, estábamos expectantes y muy ansiosos, la música comenzó a marcar nuestra entrada al servicio, la hora de comenzar había llegado. Patty y yo nos tomamos de la mano y corrimos escaleras arriba hacia la plataforma, los reflectores nos recibieron con sus potentes luces pero no nos dejaban ver hacia la gente porque estaban apuntando directo a nuestros ojos. Patty les pidió a los luminotécnicos que por favor bajaran las luces por un momento e hicieran un paneo sobre los asistentes. Cuando las luces descendieron e iluminaron a las personas, tanto ella como yo nos quedamos paralizados, se nos hizo un nudo en la garganta y nos quebrantamos. Parecía una pintura, miles y miles de cabezas alumbradas por diversos tonos de vibrantes colores hacían de este, un momento maravilloso. Creo que no podremos olvidarlo nunca. No podíamos creer que hubiera tal multitud de personas, fue la impresión más hermosa, y a la vez extraña que he tenido en mi vida.

En ese instante recordé los comienzos, mis primeros tres años como pastor. Cuánto Patty y yo luchamos para que la gente viniera a un servicio nuestro, el intento para que entregaran sus vidas a los pies de Cristo. Fuimos puerta a puerta por todo el vecindario, invitándolos a nuestra casa donde iniciamos la iglesia. Les insistimos, los invitamos a tomar café, pero sólo con el deseo de ganarlos para Jesús, y no venían.

También recordé cuando la iglesia comenzó a tomar forma, ese pequeño salón con capacidad para treinta a lo sumo cuarenta personas, animados por hacer la obra. Salíamos a los parques a evangelizar, disfrazados de mimos, realizábamos una obra corta y en seguida tomábamos el megáfono y les predicábamos, los llamábamos para que se entregaran al Señor. También salíamos a las salas de cine, y les predicábamos cuando la gente estaba en la fila esperando para entrar, no se podían mover de allí porque perderían su lugar. ¡Ah, qué audiencia! Tenían que soportar "obligados" a este predicador con su mensaje, ¿qué más podían hacer? Pero nada parecía suceder, la gente sencillamente no quería responder.

En una ocasión, por causa del fenómeno atmosférico llamado "El niño", hubo una gran sequía en Bogotá, lo que obligó al gobierno a hacer cortes de energía, de modo que la ciudad quedaba enteramente a oscuras. La gente regresaba temprano a casa por temor de ser asaltados en medio de la oscuridad. Las familias se reunían a luz de las velas, sin otra distracción que esperar tediosamente el regreso de la electricidad. Se nos ocurrió la brillante idea de hacer antorchas y salir en medio del apagón con un grupo de hermanos que siempre estaban gozosos y dispuestos para lo que fuera. Hacíamos una larga fila, bloque por bloque, cantábamos un coro de alabanza y la gente llena de curiosidad comenzaba a asomarse por las ventanas de sus casas. Cuando ya había un buen número de espectadores tomaba mi megáfono, les predicaba la Palabra y nuestros niños corrían puerta por puerta, introduciendo por debajo los tratados con la dirección de la iglesia. Y ¿sabes qué sucedió? Nada. Absolutamente ninguno de nuestros esfuerzos funcionó, no importaba si eran buenos, maravillosos o geniales, y créeme que éramos muy recursivos e ingeniosos.

Fue en medio de otro intento por ver crecer la iglesia, implementando otra estrategia nueva, cuando el Espíritu Santo me habló: "No busques números, lleva mi presencia a la iglesia". Esa misma gloria que había conseguido en mi lugar secreto, la misma unción que tenía mientras estaba a solas con Él, esa misma presencia visitó nuestra iglesia el 28 de febrero del año 1993. Estaba sobre el altar, mientras ministraba. Este fue el secreto de la multiplicación. La gente no vino por causa del predicador ni de la música. La gente vino por la presencia de Dios, esta fue la única razón por la que el siguiente domingo teníamos el doble de gente. Desde ese día comenzamos a ver filas de personas para entrar a nuestros servicios, la gente venía desde muy temprano y desde muy lejos. El crecimiento se fue dando paulatinamente.

Mientras recordaba todos estos capítulos del comienzo de nuestro ministerio, escuché que Carlos Annacondia le decía a Claudio Freidzon: "Esto es asombroso, yo creo que esta es la iglesia más grande de América Latina". Entonces entendí lo que Dios había estado haciendo y exclamé: "¡Oh Señor! ¿Cuándo ocurrió todo esto? Si éramos solo setenta personas, ¿qué pasó? ¡Hace poco tiempo éramos solo setenta! Realmente somos un gran pueblo, tal como me lo prometiste. Espíritu Santo, esta es tu obra". Yo quería arrodillarme. Patty y yo estábamos en *shock*, no podíamos salir de nuestro asombro. Tengo los videos, ahí están como testimonio, tú puedes comprobarlo en nuestra página de internet. Tardamos algunos minutos en reaccionar. Los medios de comunicación seculares presentaron la noticia con sorpresa, afirmaron que más de quinientas mil personas habían participado durante esas tres noches en nuestro evento.

El Señor me habló y me dijo*:* "Hijo, quiero que entiendas que estoy dispuesto a enseñarle a mi pueblo que mi obra no crece o se hace por medio de estrategias, métodos o a través de hombres elocuentes y carismáticos". Cuando te pregunten cómo lo has hecho, cómo has realizado esta tremenda obra, este será tu lema:

"¡NO CON EJÉRCITO, NI CON FUERZA, SINO CON MI ESPÍRITU, HA DICHO JEHOVÁ DE LOS EJÉRCITOS!".

—ZACARÍAS 4:6B

Esta es nuestra única estrategia, el Espíritu Santo de Dios, no hay otra, sólo Él.

Además de esto, por ocho años consecutivos hemos realizado nuestro último servicio del año en el parque Simón Bolívar. Esto se ha convertido en un ícono de nuestra ciudad. *Avivamiento al Parque*, el cierre del año que termina y la consagración del que comienza. Es maravilloso ver llegar familias enteras con sus maletas, muchos de ellos esperan para consagrar el nuevo año al Señor y después se toman sus vacaciones. Esta fiesta se realiza sólo con nuestra iglesia, no hacemos invitación a través de los medios, sino de persona a persona, cada uno invita a sus familiares y amigos. En el fin del 2014 tuvimos una asistencia impresionante, los medios hablaban maravillados de cerca de dos millones de personas. Nos congregamos en ese lugar, oramos y le entregamos al Señor nuestra nación, nuestros gobernantes, nuestras vidas y familias. Tuvimos un precioso servicio que, creemos, hará repercusión en el destino de nuestra amada Colombia.

Todo, absolutamente todo lo que he escrito en este libro lo puedes corroborar, no te estoy exagerando. Lo que he escrito es una realidad, todo es verdad. ¿Por qué allí? ¿Por qué en Colombia? Probablemente te lo has preguntado. Pues esta es la respuesta.

Dios nos dijo:

> "Sino que lo necio del mundo escogió Dios, para avergonzar a los sabios; y lo débil del mundo escogió Dios, para avergonzar a lo fuerte; y lo vil del mundo y lo menospreciado escogió Dios, y lo que no es, para deshacer lo que es, a fin de que nadie se jacte en su presencia".
>
> —1 Corintios 1:27–29

Si crees que hay alguna razón diferente, te equivocas. No sabes cuán cierto es esto para Patty y para mí. Dios escogió "lo vil del mundo". Y mi pregunta es ésta: "Si Dios pudo hacer esta obra con nosotros y en nuestra nación, ¿por qué no habría de hacerla contigo?".

Tengo testimonios no solo de mi país, sino de casi toda Suramérica, los pastores que han abrazado esta relación con el Espíritu Santo nos cuentan reportes increíbles. Ellos aseguran que de pequeñas congregaciones, cuyos asistentes se contaban por cifras de dos dígitos, pasaron a cientos y miles. Han alcanzado los medios de comunicación y hoy en día realizan ellos mismos grandes campañas y cruzadas. No necesitan al predicador extranjero, no me necesitan a mí, porque encontraron al mejor de los mejores: al Espíritu Santo de Dios.

Capítulo 11

EL ESPÍRITU DE NUESTROS ANCESTROS

"¿No sabéis que sois templo de Dios, y que
el Espíritu de Dios mora en vosotros?"
—1 CORINTIOS 3:16

Hace unos años decidimos comprar una casa, ese era el deseo de Patty y el mío, pues crecimos en una casa con nuestras familias y sabíamos la importancia de tener un espacio amplio, con más libertad. Fue así que al tener a nuestros hijos queríamos que ellos tuvieran un jardín para además poder tener un perro.

Con este deseo empezamos a preguntar por diferentes razas buscando una que fuera buena con los niños. Finalmente compramos un perro de raza labrador. Estos se caracterizan por ser muy alegres y juguetones, son felices. Ya con el perro en la casa y habiendo crecido, lo enviamos a la escuela de adiestramiento para que aprendiera comandos de buen comportamiento como sentarse, quedarse quieto y tirarse al piso, pero también le enseñaron algunas órdenes de defensa. Empezamos a probar los comandos aprendidos, no sólo los de obediencia sino también los de defensa. Para eso uno de nosotros se disfrazaba y hacía las veces de sospechoso, entonces le decíamos al perro: *Leitz, Platz, Aus,* todas palabras en alemán que significaban órdenes. Entonces el perro se alertaba y empezaba a atacar cuando veía al "sospechoso", lo mordía en el brazo y gruñía. Estábamos emocionados al ver los buenos resultados del entrenamiento. Un buen día se acercó a la casa una persona con una actitud sospechosa, sucia y desarreglada, cuando el perro la vio salió corriendo hacia el que ahora sí, era un verdadero sospechoso y para nuestra sorpresa comenzó a lamerlo y a batir la cola de alegría, casi lo invita a entrar a la casa a comer con nosotros en lugar de atacarlo. Era un labrador, no era un perro guardián, definitivamente este no era un perro para protección.

Al darnos cuenta de esto, decidimos buscar un verdadero perro de guardia, así que buscamos un criadero de perros pastor alemán, encontramos el mejor criadero, un simagüe. Fuimos hasta allí y compramos nuestro perro y lo llamamos Corzo. ¡Corzo de simagüe, un hijo de campeones! Lo llevamos a nuestra casa, pero no teníamos corazón para sacar al perro labrador, por lo tanto, Corzo creció con el labrador y se comportaba como un labrador, batía la cola, se emocionaba, saltaba, ¡era feliz! Era un labrador por dentro aunque por fuera se viera como un pastor alemán. Enviamos a Corzo al entrenamiento de perros como lo habíamos hecho con el labrador y practicábamos los comandos de ataque como lo habíamos hecho antes con el otro perro. Corzo respondía a todas las órdenes a la perfección. Pasado un tiempo se acercó nuevamente un sospechoso a nuestra casa y entonces yo quise probar lo aprendido por mi perro y le di la orden para que estuviera listo: ¡Corzo alerta! El perro levantó sus orejas y se puso nervioso, el lomo se le erizó, imagínense un pastor alemán listo para atacar y ¿qué creen que pasó?

Corzo empezó a lamer al sospechoso y a batirle la cola tal como el labrador lo habría hecho.

¿Saben cuál fue el final de Corzo? Terminó en el colegio que tenemos, en el Gimnasio Campestre Cristiano, comiendo la merienda con los niños de preescolar. No podía cuidar la casa. Un día en el colegio entraron unos perritos muy pequeños y se fueron al campo de fútbol. Corzo los vio. Pensé que los iba a devorar, pero en cuanto los perritos ladraron, Corzo salió corriendo y se escondió en un salón de clases.

Días después recibí en mi casa un sobre con los documentos en los que se señalaba *el pedigree* de Corzo, me enteré que era hijo de campeones nacionales, abuelos de espíritu guerrero, coraje, agresividad, espíritu de lucha destacado, muerden a la orden y no sueltan. Yo miraba a Corzo y le decía: ¡Corzo, su papá sí era valiente! Quería ponerlo en frente a un espejo y decirle: ¡Usted es un pastor alemán, no un labrador! ¡Usted es un perro de guardia! Pero no, nada funcionó.

¿Por qué uso esta ilustración? Porque nosotros, los creyentes, tenemos una genealogía espiritual poderosa: Hombres y mujeres de Dios que afectaron las naciones de la tierra. Por ejemplo, un hombre como Moisés que sin un arma enfrentó a Faraón e hizo libre a su nación. Sacó a dos millones de personas de la esclavitud usando las palabras del profeta Jeremías: No con ejército, ni con fuerza, sino con mi Espíritu, ha dicho el Señor. Dice el escritor a los Hebreos que Moisés se sostuvo como viendo al Invisible.

En nuestras filas hay personas como Elías, que hicieron volver la nación de la idolatría y de la perdición a los pies de Cristo. Gente como Gedeón que trajo a liberación al pueblo después de estar siete años bajo la opresión de los madianitas, sufriendo sus maltratos y daños sobre sus cosechas. Los israelitas estaban arrinconados, tenían que esconderse en cuevas para evitar el mal de ese pueblo. Gedeón, lleno del Espíritu de Dios y con un ejército de trescientos hombres, destruyó un ejército de cientos de miles porque Dios estaba con él.

Hombres como José y Daniel, gobernantes en Babilonia y Egipto puestos allí por Dios. No fueron escogidos por sus habilidades académicas, pero los gobernantes de estos pueblos se preguntaban dónde encontrarían hombres como ellos en quien esté el Espíritu de Dios, y por esto fueron asesores de los hombres de gobierno.

Pedro puso a temblar al sanedrín judío. Confrontó el liderazgo político y religioso de su nación. Conmovió la ciudad de Jerusalén, miles se quedaban a las puertas del templo mientras él predicaba.

Pablo, el apóstol, hablaba de tal manera que las ciudades se agolpaban a las puertas de las sinagogas mientras predicaba y se reconocía que estos hombres trastornaban el mundo entero.

La iglesia primitiva en trescientos años conquistó el mundo para Cristo y trastornó al imperio romano.

Tenemos la historia de gigantes y creyentes. Gente que aunque eran pequeños ante los ojos de los hombres, al estar llenos del Espíritu de Dios transformaron su sociedad.

Jerónimo de Savonarola, fraile italiano, en Florencia predicaba contra el vicio, el crimen y la corrupción. La gente abandonó las lecturas vanas y se volvieron a las Santas Escrituras. El pueblo empezó a dejar su vida mundana y apilaban libros de brujería hasta alcanzar alturas de veinte metros y los quemaban en la plaza pública porque veían la verdad del Evangelio de Jesucristo. Los ricos dejaron de oprimir a los pobres y comenzaron a ayudarlos, la ciudad entera fue transformada con su predicación. Solamente asesinándolo pudieron detener a este gigante de la fe.

Martín Lutero, un pequeño monje que enfrentó la corrupción, tradujo la Biblia al idioma alemán, convirtiéndose en inspiración para que otros la tradujeran a otros idiomas, por eso hoy tenemos la Palabra de Dios en diferentes lenguas, y así podemos leerla diariamente y conocer el consejo de Dios para nuestra vida. Todo porque hubo un hombre que se atrevió a desafiar la tradición y fue por encima de todo para obedecer a Cristo. ¡Esta es la genealogía de los creyentes!

John Wesley, en Inglaterra, fue perseguido y le cerraron las puertas de las iglesias para que no pudiera predicar, incluso en el lugar donde su padre fue pastor por cuarenta años se le impidió entrar. Así que bajo el lema "el mundo será mi parroquia", empezó a predicar. Cuando su padre murió, como era costumbre en esa época, el cementerio estaba junto a la iglesia y allí, en la calle, les predicó a veinte mil personas parado sobre la tumba de su papá. La gente decía que sólo con escucharlo las personas se convertían al Señor, por lo que sus enemigos entraban a sus reuniones tapándose los oídos. Cuentan que uno de sus enemigos se escondió en un barril, con los oídos tapados, obviamente, para poder esperar a Wesley y matarlo al final de su prédica, pero una mosca se paró en la nariz del hombre escondido y tuvo que usar una mano para rascarse, justo en ese momento el predicador estaba diciendo: *"El que tiene oídos para oír, oiga lo que el Espíritu dice a la iglesia"*, y de repente se empezaron a escuchar gemidos dentro del barril. El hombre se arrepintió y lloró convirtiéndose a Cristo. Tal fue el impacto de Wesley que en su vejez, quienes habían sido sus enemigos, lo sostenían para que pudiera seguir predicando. Este hombre afectó su nación.

Pasaron cien años y cierto día un borracho que iba de ciudad en ciudad buscando licor y no encontraba, enojado preguntó por qué allí no vendían alcohol, y un hombre le respondió: "Hace muchos años hubo aquí un hombre llamado John Wesley que nos enseñó a amar a Cristo y desde entonces no se vende licor en esta región y por tanto, nadie es borracho". Ese es el poder del Espíritu Santo.

Podría hablarles también de Jonathan Edwards, Charles Finney, D. L. Moody, George Müller, Smith Wigglesworth, fieles valientes, vencedores. Ellos son nuestro linaje. ¡El Espíritu Santo que estaba sobre ellos está sobre nosotros! Dios no da su Espíritu con medida. El mismo Espíritu que estaba sobre estos hombres es el que está sobre usted y sobre mí para cambiar nuestras naciones para Cristo. Es Espíritu de fe, de coraje, de poder. Dios nos lo dio.

Te preguntarás entonces ¿por qué no está pasando algo?, ¿por qué no vemos lo que ellos vieron? Es que fuimos criados como *labradores.*

Cuando vine a Jesús, en nuestra sociedad latinoamericana, nos veían como una religión y creíamos que lo éramos, y no el pueblo de Dios. Nos trataron como gente de segunda y tercera categoría. Nos señalaron como una secta. Hasta nos enseñaron a pedir al rico o al gobernante que venía a la iglesia por una limosna para comprar unas tejas o un ladrillo para construir la iglesia. ¡Creímos mal! Crecimos creyendo que somos *labradores, pero* somos el pueblo redimido de Jesucristo, somos linaje de Dios y por tanto el mismo Espíritu que estaba sobre ellos, está sobre nosotros para conquistar.

Una vez, unos científicos hicieron un experimento con una pulga. La pulga saltaba cincuenta centímetros pero, ellos decidieron ponerle un vaso encima por lo que la pulga ya no podía saltar más allá de la altura que le permitía el recipiente. Después de un tiempo, le quitaron el vaso de encima y la pulga ya no volvió a saltar a la altura que antes podía hacerlo, la condicionaron. Esto es lo que Satanás ha hecho con los creyentes, nos ha condicionado, nos sentimos limitados para avanzar, para conquistar, para ensanchar el territorio, para visionar, para ser fructíferos y productivos.

En 1993, cuando la iglesia *Avivamiento* tenía sólo setenta personas, el Espíritu Santo tocó mi vida de una manera profunda, y comencé con Él una amistad que dura hasta el día de hoy. Él cambió mi mente y la de la congregación. Nos envió a hacer servicios de sanidad y Dios empezó a obrar milagros y sanidades. Después nos envió a estadios y coliseos en diferentes ciudades, y empezó a moverse trayendo liberación instantánea a personas que habían estado en hechicería, y vimos cómo el mundo espiritual se movía. Inclusive, en algunos lugares la Fiscalía General de la Nación enviaba a alguien para protegernos pues había sectas satánicas, en las cuales ellos se habían infiltrado, por tanto sabían que querían atentar contra nosotros para matarnos. Sin embargo, lo que vimos fue cómo esos satanistas que venían a hacer daño, eran tocados por el poder del Señor, los hacía libres y los transformaba. Vimos que es posible tener una iglesia grande y un avivamiento en Colombia. Lo que nunca había existido en esta tierra, ahora es posible.

Dios ha puesto sus ojos en Colombia y es por eso que cuando hacemos la reunión de fin de año en el parque Simón Bolívar, cientos de miles llegan corriendo a los pies de Jesucristo. Cadenas de televisión internacionales como la CNN y la BBC se refieren acerca de las cosas gloriosas que Jesús está haciendo en la iglesia *Avivamiento* en Bogotá y la llaman "una iglesia singular" donde miles corren a los pies de Jesucristo.

Hermano, la unción de Jesucristo está rompiendo el vaso que el diablo nos ha puesto. Él lo ha hecho así siempre, recordemos a Moisés, estuvo cuarenta años escondido en el desierto intimidado por el diablo, pastoreando. Pero cuando tuvo un encuentro con el Espíritu Santo se levantó para liberar a su nación.

Gedeón también tuvo ese vaso encima, lleno de miedo y escondido en una cueva tuvo un encuentro con el Espíritu de Dios, y luego salió para libertar a su pueblo. Pedro tuvo ese vaso también y negó a Jesús, pero cuando el Espíritu de Dios vino sobre él, se levantó para predicar hasta dar su vida por el hijo de Dios.

Cuando el Espíritu de Dios viene sobre una persona o una iglesia, quebranta todo yugo de esclavitud y lo levanta para ser un conquistador para el Señor. Estamos hablando de una doble unción, una doble porción del Espíritu Santo, esa de la que habla la Escritura en primera de Reyes en el capítulo 19 y versos 15 al 17:

"Ve, vuélvete por tu camino, por el desierto de Damasco; y llegarás, y ungirás a Hazael por rey de Siria. A Jehú hijo de Nimsi ungirás por rey sobre Israel; y a Eliseo hijo de Safat, de Abel-mehola, ungirás para que sea profeta en tu lugar. Y luego dice: Y el que escapare de la espada de Hazael, Jehú lo matará; y el que escapare de la espada de Jehú, Eliseo lo matará".

¿Qué quiere decir esto? Que lo que Estados Unidos no puede hacer por Colombia o América Latina, lo hará Dios con el próximo gobernante, y si no fuere con él, entonces la iglesia lo hará orando al Dios del cielo.

La unción nos da autoridad y poder para poner a Satanás debajo de nuestros pies. Son muchas las batallas que ha librado esta nación y en los noticieros se ve lo que ha hecho el gobierno, pero no se ha visto lo que la Iglesia ha logrado al bombardear el cielo con la oración, y por eso tenemos una nación que está saliendo de la esclavitud a la gloria de Jesucristo.

Dios promete el doble de la unción de Moisés, de Gedeón, de Elías, de Pedro, para ésta última generación. Clama al Señor para que Él te llene de esa doble unción. Clama a Él, pídele que no te deje salir a estudiar sin que te unja con esa doble unción, a trabajar sin ser revestido con poder de lo alto, a gobernar sin ser lleno de ese Espíritu que estaba sobre Moisés, a pastorear sin que Él vaya contigo en una nueva dimensión sobre tu vida.

Capítulo 12

LA CASA DE SUS AMIGOS

Hace tres años, el Espíritu Santo usó una porción de la Escritura para afectarme profundamente:

"Entonces, entrando Jesús en la barca, pasó al otro lado y vino a su ciudad".

—MATEO 9:1

Quisiera pedirte que tengas en mente las dos últimas palabras de ese versículo: "su ciudad", porque esas dos palabras hicieron tal impacto en mí que fue como si hubiesen saltado del texto a mi corazón.

Es natural para mí llamar a Bogotá "mi ciudad", porque allí nací. Pero lo que llamó mi atención es que Jesús no estaba yendo a Belén, que era su ciudad de nacimiento. Entonces pensé que podría referirse a la ciudad en la que creció, pero no, no estaba hablando de Nazaret, ¿y qué de la gran capital de Israel, Jerusalén? ¿Podría ser esta la que Jesús llamara "su ciudad"? La respuesta es no. La que Él llamó "su ciudad" fue una pequeña ciudad de Israel, Capernaum.

En Marcos 2:1 leemos:

"Entró Jesús otra vez en Capernaum después de algunos días; y se oyó que estaba en casa".

¿Alguna vez pensaste que Jesús tenía una casa? Por supuesto, Él vivía en una casa, no vivía en una cueva ni dormía a la intemperie en los montes. Después de una ardua jornada de trabajo o varias semanas de campaña evangelística, Él volvía a su ciudad e iba a su casa. ¿Sabes cuál era su casa? La casa de Pedro. ¿Qué privilegio tan enorme para Pedro? En esa casa el Maestro enseñó a los líderes de Israel y a sus discípulos, allí sanó enfermos y predicó el Evangelio. ¡Los milagros más maravillosos registrados en la Biblia ocurrieron en Capernaum!

El texto de Zacarías 6:8 nos dice lo siguiente:

"Luego me llamó, y me habló diciendo: Mira, los que salieron hacia la tierra del norte hicieron reposar mi Espíritu en la tierra del norte".

Así como leemos en Zacarías que, ellos hicieron reposar su Espíritu en la tierra del norte, también vemos que, siglos más tarde, los habitantes de Capernaum hicieron reposar en su ciudad al Hijo de Dios, y la casa de Pedro fue su lugar de reposo. Ten en mente esto, no lo olvides.

Querido líder, querido pastor, querido hijo de Dios, quiero decirte que los avivamientos y las visitaciones de Dios a esta tierra nunca tuvieron el propósito de ser de corta duración. No fueron planeados para unos pocos meses o un año, ni tres años. El plan de Dios, cada vez que ha derramado su Espíritu y ha traído un avivamiento, ha sido para que este perdure hasta que Cristo vuelva. ¡Ese es el vivo deseo del Creador! ¡Aleluya!

Charles Finney, el gran evangelista del siglo XIX, decía que un avivamiento debería ser tan normal, tan natural como una cosecha, y también le decía a sus consiervos, los pastores de su época: "Somos culpables de no tener un avivamiento, tanto como los impíos son culpables de no convertirse cuando se les predica el Evangelio". Así que deberíamos tener un avivamiento en cada rincón de la tierra. Dios no quiere visitaciones fugaces. Dios quiere hacer habitar su Espíritu en nuestras ciudades y en nuestras iglesias. ¡Dios quiere hacer reposar su Espíritu en tu territorio!

Pero entonces, ¿por qué no vemos esto hecho realidad? Es por causa de la carne. La Biblia nos advierte:

> "Digo, pues: Andad en el Espíritu, y no satisfagáis los deseos de la carne".
>
> —GÁLATAS 5:16

¿Por qué lo dice?

> "Porque el deseo de la carne es contra el Espíritu, y el del Espíritu es contra la carne; y éstos se oponen entre sí, para que no hagáis lo que quisiereis".
>
> —GÁLATAS 5:17

La Escritura nos dice claramente que la carne y el Espíritu son enemigos, así que te puedo asegurar que el enemigo del Espíritu Santo es la carne. Los deseos de la carne son los enemigos del Espíritu.

¿Sabías que Dios no puede hacer muchas cosas en donde reina la carne? Te mostraré. En el libro de Génesis leemos que la gente vivía vidas tan prolongadas sobre la tierra que incluso algunos excedieron los novecientos años, pero leemos también en Génesis 6:3 que a causa de la magnitud del pecado, de las obras perversas de la carne, el Señor declara que: "No contenderá mi espíritu con el hombre para siempre, porque ciertamente él es carne; mas serán sus días ciento veinte años".

Vemos que el Espíritu contendía con la carne y por esa razón Dios decidió acortar el tiempo de vida del hombre a ciento veinte años. Recuerda, la carne es enemigo de Dios. También el libro del profeta Isaías nos dice:

"En toda angustia de ellos él fue angustiado, y el ángel de su faz los salvó; en su amor y en su clemencia los redimió, y los trajo, y los levantó todos los días de la antigüedad. Mas ellos fueron rebeldes, e hicieron enojar su santo espíritu; por lo cual se les volvió enemigo, y él mismo peleó contra ellos".

—Isaías 63:9–10

El Espíritu Santo se angustiaba con Israel. Isaías declara que en todas sus angustias Él se angustió. De la misma forma en todas las nuestras Él también se angustia. Pero la Escritura también nos dice que ellos fueron rebeldes e hicieron enojar su Santo Espíritu, por lo cual se les volvió enemigo. La carne es enemiga del Espíritu.

Ahora acompáñame de regreso al Evangelio y veamos por qué razón Jesús no habitó en Nazaret. Nos podemos preguntar: ¿Por qué no se quedó en Nazaret, si allí fue donde creció? La respuesta es: por la incredulidad. ¿Por qué no habitó en Jerusalén, la llamada "ciudad de Dios"? Por la religiosidad.

Aunque he estado haciendo referencia a lo que ocurrió en el tiempo del ministerio terrenal de Jesús, es importante que tengas presente que, de manera implícita, me refiero a lo que vivimos hoy en nuestras ciudades. Nos preguntamos, ¿por qué no hay avivamiento? Es por la carne: Los celos, la envidia, la contienda, pero sobre todo la incredulidad. Sí, la incredulidad, la religiosidad y el legalismo hacen que el Espíritu Santo se aparte.

Pero tengo una noticia para ti: Él está buscando una ciudad para hacer reposar su Espíritu ¡Y podría ser tu ciudad!

Ahora bien, podemos reconocer por qué razón Jesús no habitó en los lugares que ya mencionamos pero, ¿no hace falta todavía algo? Creo que es necesario para nosotros entender qué fue lo que atrajo a Jesús a Galilea, ¡porque así tú y yo podremos hacer lo mismo!

Es necesario entender qué fue lo que hicieron aquellos que lo tuvieron. ¿Sabes? He sido un estudioso de los avivamientos que tuvieron lugar a través de la historia porque quiero tener lo mismo que tuvieron aquellos que los experimentaron, quiero vivir lo que ellos vivieron. Así que si tú quieres lo mismo que yo, necesitamos entender qué distinguió a aquellos que atrajeron al Maestro al punto de hacerlo reposar con ellos. ¿Quieres saber qué es? ¿Estás listo? Te lo diré: ¡HAMBRE! ¡HAMBRE DE DIOS!

En Galilea las multitudes querían ver, oír y tocar a Jesús. Eran tantos que tenía que subir a una barca porque se abalanzaban sobre Él. Ocurrían milagros, los demonios salían, las enfermedades huían, esta gente seguía a Jesús tres días de camino sin tener qué comer. ¡Ellos querían a Jesús! ¡Tenían hambre! ¡Hambre de Dios! ¡Hambre del Hijo de Dios! ¡Hambre de la Palabra de Dios!

En Galilea Jesús se sentía en casa. Estaba en casa de sus amigos en donde se sentía amado, deseado y buscado, pero, ¿qué de Pedro? ¿Qué atrajo al Señor a la casa de Pedro? También fue el hambre. Pedro tenía hambre de Él. Cuando Pedro vio el milagro hecho por Jesús en la sinagoga, llevó a Jesús a su casa y lo hospedó allí. Eso es hambre.

Pedro lo llevó a su casa, le prestó su barca, dejó las redes por Él, lo siguió todo el camino, estaba dispuesto a morir por Él, y a la postre, como lo registra la historia, eso fue exactamente lo que hizo, murió por Él. Por eso Jesús lo llamó su amigo y fue a vivir a su casa.

Otro hombre que encontramos en la Biblia que hizo algo similar fue David. Él tenía hambre de Dios, sed de Él, deseaba su presencia y leemos que dijo:

> "Una cosa he demandado a Jehová, ésta buscaré; que esté yo en la casa de Jehová todos los días de mi vida, para contemplar la hermosura de Jehová, y para inquirir en su templo".
>
> —SALMO 27:4

David tenía un deseo: ¡Contemplar su hermosura! Eso se llama hambre de Dios.

Hoy, en nuestros congresos en el Centro Mundial de Avivamiento recibimos a pastores de lugares tan remotos como Japón y países africanos, así como pastores que viajan ocho días por tierra desde Argentina para asistir al evento. Eso es hambre. Pero quizás alguien aquí mismo en la ciudad de Bogotá no quiere buscarlo, prefiere ocuparse en otras cosas, en un partido importante de fútbol quizás o algo por el estilo, y aun así dice para sí: "Quiero un avivamiento". Quiero decirle a esa persona: ¡Dios no es tan barato! Él hace habitar su Espíritu en donde hay hambre de Él. ¡Aleluya!

Hay una gran diferencia entre tenerlo a Él y no tenerlo. Tenerlo a Él en nuestra ciudad significa que hay sanidad, salvación, liberación de demonios y libertad de la ruina para nuestro pueblo. Mi país, Colombia, está siendo visitado por Dios y es un país mejor ahora que hace algunos años atrás, pero eso no podemos atribuirlo a un buen presidente, unas buenas fuerzas armadas o unas buenas políticas económicas, sino a que Dios está sobre esta tierra, y en donde está Dios, ahí está su bendición.

Si yo fuera Pedro no hubiera podido dormir. Quizás él y Jesús compartían la misma habitación. Imagínate mirando al Hijo de Dios allí dormido, contemplando al Autor de la Vida y pensando: "¡Él me creó! ¡Él hizo el cielo y la tierra, y aunque hay millones de habitantes en la tierra, yo tengo el privilegio de disfrutar de su presencia y puedo oírlo!". Jesús llamó a Pedro, su amigo.

Sé lo que es ser amigo del Espíritu Santo. Lo busqué por años, incluso a la temprana edad de ocho años lo deseaba, y aunque todavía no había nacido de nuevo, había en mí un ferviente anhelo de Él. Después de que me convertí a Cristo y me enseñaron que Él podía bautizarme con su Espíritu, lo anhelé de tal manera que el día en que alguien me iba a ministrar, a imponer sus manos sobre mí para que lo recibiera, antes de que se acercara siquiera, a dos metros de distancia, ya estaba postrado adorando, hablando en otras lenguas, bautizado por su Espíritu. Dios lo sabe. Busqué y anhelé todas las cosas del Espíritu y en el año 1993 tuve la experiencia más maravillosa que como cristiano pudiera tener: El Espíritu Santo entró en mi habitación, experimenté su gloria y supe que podía conocerlo y tener comunión con Él, supe que podía hablarle como a mi mejor amigo, que podía hablarle como hablo con mi esposa, y que podía delante de Él abrir mi corazón. No hubo lugar para la hipocresía ni para la apariencia religiosa. Era una relación real del Espíritu a mi espíritu, en la que Él pasaba por encima de mi razón y hablaba a mi corazón, y yo podía abrirlo ante Él. Entonces supe que podía tener comunión con Dios. No quería salir de ese lugar y estuve allí por ocho horas seguidas, y fue igual al día siguiente y los días posteriores. El Señor tocó a Patty, a mis hijos, a la iglesia y aún tuvimos que cambiar los horarios de las reuniones porque en la mañana nos dedicábamos a esta búsqueda del Espíritu, y así transcurrieron dos años.

Recuerda: "Él no es barato. Él no está en promoción. Él no está en las rebajas del fin de semana". Después de entender que Él era mi amigo, hemos recibido las cosas más maravillosas que nos pudiéramos imaginar, pero también te puedo decir que Él no va a cualquier parte.

Si lo buscas, si lo llamas, Él irá. Pero solamente se quedará en la casa de sus amigos. Léelo en la Biblia. Él fue a la casa de Abraham, Dios mismo fue a la casa de este hombre y comió allí, y no solo eso sino que Abraham fue llamado "amigo de Dios". Puedes leerlo en Génesis. David llevó el Arca del Pacto porque era amigo de Dios. Pedro llevó a Jesús a su casa porque era amigo de Dios. Puedes leer en la Biblia que cuando Jesús iba a Jerusalén, no dormía allí sino que iba a reposar a Betania, a casa de Marta, María y Lázaro. Y leemos en el Evangelio que Jesús dijo que Lázaro era su amigo.

Lo que quiero decirte es que el Espíritu Santo no va a cualquier casa, Él sólo va a la casa de sus amigos. ¡Aleluya!

Betania no era un lugar de paso ni de tránsito para Jesús, era la casa de sus amigos, y por eso reposaba allí. Y es por eso que sé que Él viene a mi casa también. Esto podría sonar presumido, como si yo pretendiera ser el dueño del Espíritu Santo, pero no es presunción, no me malinterpretes, es que Él es mi dueño, le pertenezco a Él, y Él es mi mejor amigo.

Los ministros que trabajan con nosotros en el equipo pastoral de nuestra iglesia saben que el Espíritu Santo es mi pastor, que en nuestra iglesia no se hace nada a menos que Él lo ordene. No hacemos las cosas porque son una buena idea mía o de mi esposa, porque sólo buscamos hacer lo que Él dice. Él es el pastor del avivamiento y yo solo soy un anfitrión.

En este estudio del que te hablé anteriormente acerca de la vida de los héroes de la fe y de los avivamientos a través de la historia, hay algo que yo podría decirte que ha tenido el mayor impacto sobre mí, y es algo acerca de Evan Roberts, avivador de Gales. Se dice que él no tenía al Espíritu Santo. Sí, leíste bien. Se dice y se ha escrito de Evan Roberts que no tenía al Espíritu Santo, sino que ¡el Espíritu Santo tenía a Evan

Roberts! Puedo entender e identificarme con esto, porque puedo decir que el Espíritu Santo me tiene a mí. La buena noticia que quiero compartir contigo a través de este libro es que Él quiere tenerte a ti.

Puedo decirte lo que Dios quiere: Él quiere hacer reposar su Espíritu en casa de sus amigos, pero recuerda, hay tres tipos de personas: Los que son enemigos, los que Él apenas puede soportar a causa de la carne y los que son sus amigos. Mi pregunta es: ¿Quién eres tú? ¿Qué quieres ser? Si quieres ser "Casa de sus amigos", díselo hoy.

Capítulo 13

¿POR QUIÉN TE DEJAS INFLUENCIAR?

P odemos tener el favor de Dios, caminar en su propósito y aun ver su respaldo en muchos aspectos. Sin embargo, no podemos descuidar áreas de nuestra vida en las que muchas veces creemos tener el control. Cada día nos enfrentamos a decisiones grandes o pequeñas que pueden marcarnos.

En 2 Crónicas 20:35–37, la Biblia hace un resumen del reinado de Josafat. Pero del verso 35 al 37 dice:

> "Pasadas estas cosas, Josafat rey de Judá trabó amistad con Ocozías rey de Israel, el cual era dado a la impiedad, e hizo con él compañía para construir naves que fuesen a Tarsis; y construyeron las naves en Ezión-geber. Entonces Eliezer hijo de Dodava, de Maresa, profetizó contra Josafat, diciendo: Por cuanto has hecho compañía con Ocozías, Jehová destruirá tus obras. Y las naves se rompieron, y no pudieron ir a Tarsis".

La amistad con el hermano que es dado a lo malo hará que tus obras sean destruidas.

Generalmente, no recordamos el nombre de la modelo número uno del mundo, ni del Premio Nobel de Física o de Medicina, tampoco el nombre de la persona más rica del país, ni siquiera somos influenciados por ellos, casi ni hablamos de ellos. Pero como creyentes es evidente que hay hombres de Dios que han inspirado, afectado y bendecido nuestra vida. Hombres ungidos que Dios ha levantado en este tiempo para hacerlo. Somos afectados por lo que ellos creen y dicen, por la forma en que viven, en la que libran sus batallas y las han conquistado.

Es el caso del rey David. Un ungido de Dios. La nación era humillada por un gigante de tres metros llamado Goliat. No había dentro de los valientes guerreros de Saúl quién enfrentara a este paladín. El Rey fue incapaz, su hijo también, pero vino David, un ungido, un joven de Belén, y enfrentó a ese gigante, y lo derrotó de tal manera que los filisteos salieron huyendo como gallinas delante de Dios. A raíz de eso, en toda la nación se escribió un himno que decía: "Saúl mató a sus miles, y David a sus diez miles". Pero ese coro trajo consigo los celos del rey Saúl, y con ello, persecución a muerte sobre el ungido, a quien le tocó huir, dejar a su esposa, a su familia, y esconderse en una cueva, la cueva de Adulam. Y dice la Escritura en 1 Samuel 22:2:

> "Se juntaron con él todos los afligidos, y todo el que estaba endeudado, y todos los que se hallaban en amargura de espíritu, y fue hecho jefe de ellos".

Vinieron a David cuatrocientos hombres, y él fue su jefe. Pero fueron a él porque era un hombre ungido, porque era diferente a los sacerdotes, a los profetas y al rey. Y aunque ellos habían fracasado, fueron al ungido porque los inspiraba, y con los años cambiaron su nombre de endeudados, afligidos, derrotados, por uno nuevo: "Los valientes de David". La gente decía: "Allá van ¡los valientes de David!, los que antes la nación conocía como los afligidos, los derrotados, los fracasados. Ni siquiera eran aceptados en el ejército de Saúl, pero ahora, mírenlos, allá van, los que vencen los gigantes".

David los contagió de su pensamiento. Fueron inspirados por la actitud de un hombre de Dios, por sus palabras. Y de eso tengo que hablarles: Ungidos bajo inspiración. Creo con todo mi corazón que sus hijos y sus nietos se sentaban al lado de ellos para oír las historias de las grandes batallas y victorias. Y no se avergonzaban de haber sido señalados en algún tiempo como los endeudados, afligidos y derrotados. Eso es lo que Dios va a hacer. Él va a cambiar tu nombre, ya no vas a ser alguien que no puede, alguien derrotado, serás alguien bajo la unción. Serás levantado como vencedor de gigantes.

Inspirado. Ungido bajo inspiración. En eso se convirtió Eliseo al caminar con Elías. Eliseo era un agricultor de una familia rica, pero tocado por la unción dejó todo para ser un criado. Por un tiempo Dios le permitió caminar con el ungido y cambiar su manera de actuar, de enfrentar sus batallas. Si vemos la resurrección en manos de Eliseo, es muy similar a la resurrección en las manos de Elías, se acostó sobre el niño porque sabía que era ungido, y la unción trae vida sobre lo que está muerto.

Eso fue lo que Dios hizo con Josué al lado de Moisés. Caminó con él, lo vio cómo ministraba, cómo aconsejaba, cómo libraba las guerras. Cuando le tocó a Josué, y estaban perdiendo la batalla con los de Hai, libró la batalla de una forma diferente. Levantó su lanza y mientras la tenía en alto, Dios derrotó y acabó con los de Hai. Pero lo hizo porque había visto cuando Moisés levantó la vara, el mar Rojo se abrió y la nación fue libre. Ungidos bajo inspiración de otros.

Para ir más cerca, en el siglo XVIII, un pastor anglicano de nombre John Wesley, puritano, predicador, hombre de ayuno y oración, un día decidió ir a salvar los indios de Norteamérica, y escribió lo siguiente en su libro diario: "Cuando fui a salvar los indios de América, me di cuenta que yo no era salvo, en el regreso de América, en el mismo barco, iba un grupo de gente como nosotros, hambrientos del hombre del Espíritu, unos morabios, alemanes. Todos los hombres estaban aterrorizados por la tormenta, pero estos estaban cantando y alabando a Dios, aun en otras lenguas".

Y John Wesley se impresionó, y empezó a hablar con ellos. Esos viajes no eran de un día, duraban meses. Todo ese tiempo estuvo con estos hombres. Cuando regresó a Alemania, compartió con ellos y al regreso se convirtió en el avivador más grande en la historia inglesa, en el hombre del siglo XVII. Sólo unas semanas bajo la influencia, y fue ungido.

Todos sabemos lo que pasó en Gales. Estuve allí con Patty, en Loughor, en la ciudad donde Evan Roberts comenzó un avivamiento con dieciséis jóvenes, y en una semana eran noticia nacional. En tres meses eran noticia mundial. Dondequiera que fuera Evan Roberts, las ciudades se congestionaban, como nos pasó cuando fuimos a Olavarría. Esta es una ciudad de ciento cincuenta mil personas, y fuimos al estadio, teníamos cincuenta mil personas allí. Sin embargo, quedó fuera una gran cantidad de ellos. Por orden del ejército, cerraron la ciudad porque se acabó la comida, y además teníamos treinta y cinco kilómetros de buses llenos de argentinos deseando entrar a la ciudad. Tenían hambre de Dios. Es el Espíritu Santo en un avivamiento.

En Gales pasó lo mismo. La gente venía por filas y sin saber si el evangelista iba predicar. No había televisión para por lo menos poder reconocerlo y decir: "¡Ay, sí! ¡Yo lo vi a él en televisión!". Simplemente sabían que había un joven de veintiséis años a quien Dios estaba usando. Las personas hacían filas y filas en sus ciudades mientras él estaba predicando en otro lugar, y permanecían toda la noche orando. Algunas veces Evan hacía su entrada desde la última fila, la gloria caía y era noticia.

Ese suceso traspasó fronteras. En una ciudad de Estados Unidos, Los Ángeles, California, los pastores hablaban del Avivamiento de Gales y oraban: "Si lo puedes hacer en Gales, lo puedes hacer en Los Ángeles". El pastor Smile, de Los Ángeles, viajó hasta Gales y luego regresó a su país. Les contó a sus hermanos su experiencia allí y mientras lo hacía el fuego comenzó a arder en el corazón de ellos. Pedían un avivamiento. La chispa se prendió en la Calle Azusa, y en tres años el mundo entero estaba impactado por el movimiento pentecostal de 1906 a 1909.

Si lo ha podido hacer en Colombia, lo puede hacer en cualquier país del mundo. ¡Va a suceder! Se verán filas de pastores llegando. Algo como esos treinta y cinco kilómetros de buses llenos de gente hambrienta del Espíritu en Olavarría. Si no se hubieran cerrado las entradas a la ciudad, hubiera colapsado. De eso estoy hablando. Un avivamiento inspira otro avivamiento, un hombre ungido inspira a otros hombres ungidos. Un poco del agua del hombre ungido levanta los troncos que están muertos. Levantará el árbol y reverdecerá, levantará la copa como árbol grande.

Pero también somos influenciados por los malos obreros. Hubo uno llamado Coré que se reveló contra Moisés, y en su rebelión arrasó con doscientos cincuenta líderes con sus familias, y trajo mortandad. Su rebelión afectó el liderazgo. Por otro lado, hubo diez espías que por su incredulidad llevaron a una nación de dos o tres millones a la desgracia. Dijeron: "Esos hombres son más grandes que nosotros, nos vemos como langostas a sus pies, no podremos conquistar esa tierra". Y a raíz de esto, el pueblo comenzó a ser contagiado por su incredulidad, lloraron toda la noche. Pero su resultado fue muerte.

Un avivamiento para cualquier país del mundo puede ser detenido por pastores, líderes escépticos o celosos. Hoy puedes convencer a muchos con tus palabras escépticas, pero pagarás por ello porque detuviste el plan de Dios para una nación. Caminar con las personas incorrectas nos destruye. Eso fue lo que le pasó a Josafat. Él era un verdadero hombre de Dios. Ordenó que se enseñara la Biblia en toda la nación, llevaba la Ley y se leía en todas partes. Dios lo ungió, lo respaldó y le dio victorias.

Ese Josafat que protagonizó la famosa victoria que todos ustedes seguramente han leído o escuchado acerca del Valle de la bendición o el Valle de Beraca, donde recibió tantas riquezas y honra, de ese mismo Josafat estoy hablando. Pero hizo amistad con otro del pueblo de Dios, pero que era inclinado al mal, el rey Acab. ¿Saben lo que generan estas amistades? Mientras Josafat era amigo de Acab, ellos tenían una amistad, Joram, el hijo de Josafat, se casó con la hija de Acab y Jezabel, de nombre Atalía, que adoraba los dioses paganos. ¿Quién se puede imaginar que un hombre ungido como Josafat, por una mala asociación, termine destruyendo su familia y su descendencia? Pues sí. Cuando Josafat murió, en su lugar comenzó a reinar Joram, su hijo, quien inspirado por su esposa Atalía asesinó a todos sus hermanos. Pero allí no termina la historia. Debido a su maldad, y por haber asesinado a sus hermanos, el profeta Elías le envió una carta vaticinando la muerte suya y la de todos sus hijos, excepto la de Joacaz, por misericordia con David. Aun después de muerto Joram, Atalía continuó su obra destructora y asesinó a todos sus nietos. Tus obras y tus hijos serán destruidos si tú te sientas junto al escéptico, junto al hermano que es dado a lo malo, junto al que cierra las puertas del cielo y junto al que no quiere que venga la lluvia tardía.

No es un juego. ¿Con quién andas: Con los rebeldes, con los cobardes? ¿No dijo el Señor en Deuteronomio 20 que cuando fuéramos a la guerra, que se pare un general, que se pare el sacerdote, y diga a los pusilánimes y cobardes que se devuelvan para que no apoquen el corazón de sus hermanos? Dios no quiere cobardes. Dios no quiere incrédulos. Dios no quiere que andes con los murmuradores, prefiere que te alejes de ellos. Dios no quiere que andes con el hermano que llamándose hermano, anda impíamente. Dios quiere que camines con la gente de Dios, con la gente de fe. No oigas esas voces, no las oigas porque si las oyes tus obras serán destruidas. Si vamos a tomarnos algún país, es en serio que lo vamos a tomar.

Pero quiero darles un mejor camino. Nosotros no teníamos un modelo en nuestro país. Nacimos en la fe y nunca habíamos visto milagros. El primer servicio de milagros que presencié fue el primero que Dios nos envió a hacer. Yo no conocía al apóstol Raúl Vargas, de Costa Rica, que lleva cuarenta años en el ministerio. No teníamos televisión cristiana para haber tenido el privilegio de verlo en aquella época. Por eso bendigo tanto a Enlace porque ahora todos pueden ver milagros en acción. Yo no sabía cómo se hacía un servicio de milagros. Sólo había leído un libro de Kathryn Kuhlman, y entre líneas podía ver lo que le había pasado al que fue sano. Podía imaginar más o menos cómo podía ser el servicio. Pero empecé una amistad con el Espíritu Santo en diciembre de 1992 y Él cambió mi mentalidad. Él cambió todo. En el 2015 cumplimos veintidós años desde que el Espíritu Santo nos visitó. Ahora celebramos en el avivamiento con ríos de gente; miles lloran mientras batimos nuestros pañuelos para conmemorar que el 28 de febrero de 1993 le dimos la bienvenida al Espíritu Santo con pañuelos blancos. La gloria que cayó cambió nuestra mentalidad. La comunión con el Espíritu cambió nuestra vida, nos inspiró, nos guió.

Yo no tenía un David a seguir ni un Moisés o un Elías. Jamás habíamos tenido un avivamiento en Colombia. Uno de los apóstoles de esta nación, con noventa años y antes de partir, decía: "Cuando empezamos, éramos cuatro grupos en Bogotá, una ciudad de siete millones de personas y apenas unos trescientos cristianos". Pero en este tiempo en la misma ciudad, ya hemos reunido a más de un millón de creyentes.

Permíteme contarte cómo fue esta visitación. Él nos guió, Él nos llenó de fe, nos inspiró. Cuando la unción caía sobre Patty, hablaba con denuedo para tomar acción. Cuando venía sobre mí, podía hablar con fe y confianza. Pude confiar en Dios. Es algo que necesitamos hacer: confiar plenamente en Él. En el año 1993 nos dijo: "Hagan un servicio de milagros". Y alquilamos un centro de convenciones, el sitio más bonito de la ciudad. Nuestra iglesia tenía setenta personas y el lugar era para dos mil. Hicimos una pequeña cuña en la radio e invitamos a nuestras familias. La sorpresa fue que teníamos las dos mil personas y cientos haciendo fila. Nos paramos en ese lugar creyéndole. Él se había vuelto mi amigo, mi único amigo. Cuando subimos a la tarima a predicar, adoramos un poco y todos empezaron a ser tocados. Los ujieres parecían los más expertos. Encontraban los milagros y los traían a la tarima. Ni nosotros en el fondo podíamos creer lo que veíamos. Patty le dijo a la mujer de la primera fila, que había estado en silla de ruedas por diez años: "Dios te va a sanar". Pero ni Patty creía. Y lo digo porque cuando esa persona se paró y salió corriendo hacia Patty, ella no podía creer lo que Dios estaba haciendo. Pero hay algo que aprendí: "A confiar en el Espíritu Santo". Él me dice que vaya, y yo debo ir.

Llevo veintidós años en que puedo hablar más de cinco horas con el Espíritu Santo. Todos los días hablo con Él, más que con mi esposa. La amo con todo mi corazón. Ella es la niña de mis ojos. Soy el más afortunado cuando me levanto y la veo a mi lado en la madrugada. Digo: "Señor, me diste la mejor". Ella no sabe ni un 10% de todo lo que el Espíritu Santo y yo hablamos. Hay cosas que sólo puedes hablar con Dios. Un avivamiento no es una experiencia porque alguien tiembla, es una Persona y su nombre es el Espíritu Santo. No tengas miedo cuando te pregunten: "¿Por qué la gente se cae y se ríe?

o ¿Por qué la gente se cae y llora?". Spurgeon decía: "Hay más santidad en el que ríe que en el que llora, porque el que llora puede estar murmurando o quejándose con Dios por su situación, el que se ríe se está riendo del diablo porque más grande es Dios que está con él".

Si no hay buenos modelos en el país o en la ciudad, Dios es suficiente. ¿Has pensado en José, el hijo de Jacob? Sus hermanos eran unos carnales, pero no se unió a los carnales. Sus compañeros de trabajo eran esclavos en Egipto. Sus compañeros de prisión eran asesinos y perdedores. Pero el día que salió de la cárcel no habló un resentido, no habló como un delincuente, su lenguaje no era de esclavo. Cuando él habló, el rey dijo: "Este hombre está lleno del Espíritu Santo". José no tenía modelos, pero tenía un amigo, el Espíritu Santo. ¿Has pensado en Daniel? La nación fue entregada porque eran perversos, impíos, idolatras y él era parte de esa nación. Y llegó a Babilonia cautivo, y todos los de su clase eran cautivos, derrotados, fracasados. Sin embargo, Nabucodonosor y su hijo hablaban de este hombre, que tiene el Espíritu de los dioses santos. No importa cómo es su entorno, no importa cómo haya sido el mío.

Cuando dije: "Siento que el Señor me habló y debo entrar en la televisión". Dijeron: "¡Ni lo pienses! Tanto a los cristianos como a la religión no los dejan entrar en los medios de comunicación". Estaba rodeado de escépticos, por eso quería conocer a don Jonás González, fundador de *Enlace*, alguien que pudo entrar a la televisión. Su fe me inspiró para creer que sí era posible, y después de esto, Dios nos dio un canal de televisión, un programa internacional en la cadena *Enlace*, permitiéndonos ser parte de esa preciosa familia. Un hombre nos inspiró.

Quiero concluir con lo siguiente: Si te dejas influenciar por alguien con mentalidad de derrota, te ocurrirá lo mismo que a Israel con los espías, tus obras serán destruidas y tus hijos jamás van a querer involucrarse en el ministerio. Pero si te dejas influenciar por el Espíritu Santo, no tendrás límites. No existirán barreras para ti porque no hay nadie más grande en la faz de la tierra que el Espíritu Santo de Dios.

El Espíritu Santo quiere ver que usted diga: "Yo quiero ser influenciado por ti, Espíritu Santo". Él es quien importa. Si la unción viene de arriba todo está resuelto. Por ahora, cruza la línea, dile al Señor: "Tú me influenciarás. Prefiero estar cerca de los ungidos y ser criticado, pero tener la unción que me transforma. Prefiero ser amigo del Espíritu Santo".

Si te vuelves un apasionado por el Espíritu Santo, si separas una o dos horas antes de ponerte en actividad y corres para buscarle, si le dices: "Mientras que dure el Espíritu dentro de mí, madrugaré a buscarte", y te apasionas por Él, habrá un río de fuego en tu vida.

Capítulo 14

¿QUÉ QUIERES SER?

Esta historia, aunque es jocosa y le impregna cierto humor al relato, termina por enseñarnos una gran verdad acerca de la posición que tienes ante la confrontación de ser o no un creyente rendido ante la presencia del Espíritu Santo. Tengo un buen amigo, Camilo. Nos conocemos hace muchos años. Él me recogía todos los días en su auto e íbamos juntos a nuestro trabajo. Era muy amable, sin embargo tenía una terrible costumbre: pocas veces le ponía gasolina al carro. ¡Ese Camilo! Lo primero que saltaba a mi vista cuando me subía era el bombillo rojo parpadeando, anunciando que la gasolina se estaba agotando. Yo le decía: "Ay, Camilo, este carro nos va a dejar botados en cualquier momento". Pero él se reía y en broma me decía: "Tranquilo hermano, que estos carritos pequeñitos andan con el aliento de los buses o camiones grandes". Yo pensaba: "Este sí está loco", y nos reíamos. Efectivamente, llegábamos. Parecía que ese carrito funcionaba andando bien pegado a los grandes autos.

Un día me quedé esperándolo en la esquina de mi casa. Pasó media hora, cuarenta y cinco minutos, y Camilo no llegaba. Al fin, luego de una hora, apareció. Martha, su esposa, estaba malhumorada y pregunté: "¿Qué les pasó?". Ella me respondió: "Este Camilo tiene la horrible costumbre de no ponerle gasolina al carro y hoy nos dejó varados en una subida, y ¿quién cree que tuvo que empujar?" (mientras se señalaba a sí misma). Lo más gracioso de todo es que al día siguiente nos volvió a pasar lo mismo, y de nuevo al otro día. Aunque él siguió insistiendo en su teoría, esta nunca más le volvió a funcionar.

Pero ¿por qué te cuento esta anécdota? Porque quiero que entiendas algo acerca de la amistad con el Espíritu Santo, pues mi invitación no es para que tengas una experiencia con Él. No se trata de vivir con la "gasolina" de la unción de otro, con el resto del combustible del último congreso o seminario. No. Se trata de llenar el tanque de combustible todos los días, y ese combustible espiritual no es otro que la unción del Espíritu Santo.

De hecho, en el libro de Éxodo, cuando Dios le da a Moisés las indicaciones para la construcción del Tabernáculo y para la organización del servicio y el culto, le dijo que el aceite para las lámparas debía ser de olivas machacadas y debía ponerse todos los días (Éxodo 27:20–21). Esto quiere decir que una lámpara no puede arder con aceite viejo y gastado, así como un creyente no puede vivir de las experiencias del pasado y tampoco Camilo podía hacer funcionar su carro con el aliento de los buses o camiones.

La mayoría de los creyentes hoy en día se han acostumbrado a vivir de experiencia en experiencia, como si se tratara de ir a un parque de diversiones. El Señor me enseñó que grandes avivamientos han tenido su fundamento en una experiencia espiritual. Sus líderes alguna vez tuvieron eso, una experiencia con Él, pero nada más, y por ende tampoco sus avivamientos fueron duraderos. Yo no digo que sean malas, son buenísimas, gloriosas, las necesitamos y las anhelamos. Él nos permite tener esas experiencias porque de esta manera comienza a "seducirnos", a atraernos hacia Él, con el propósito de que establezcamos una relación preciosa, firme, duradera, que vaya madurando y creciendo.

Esto es parecido a las relaciones de pareja. Si tú eres un cónyuge dedicado, sabes que tu hogar requiere de tiempo, cuidados y atención. Pero si lo único que buscas es una aventura, sabes que se trata de encuentros esporádicos, de experiencias pasajeras. Así mismo podemos relacionarnos con Dios porque o actuamos como esposos, con compromiso, entrega, devoción, o nos convertimos en amantes que se conforman con encuentros fugaces o experiencias ocasionales. La pregunta aquí es: ¿Quieres ser, esposo o amante en tu relación con Dios?

Una metáfora similar se encuentra en el libro del profeta Jeremías. En un conmovedor clamor, el profeta habla de la manera como el pueblo de Israel se ha acostumbrado a tener la presencia de Dios como la de un forastero en la noche que va de paso, en vez de tenerla permanentemente, como es el deseo de Dios. Esto equivale a convertirse en un hotel del Espíritu Santo, en vez de su templo (Jeremías 14:8–9).

Veo a mis amigos en las naciones, con preocupación y tristeza, buenos amigos, que han tenido tremendas experiencias con el Señor y se prenden fuego de avivamiento en sus iglesias, pero unos meses después, cuando regresas, ya no hay nada. ¿Por qué? Le pregunté un día al Señor por qué ocurría esto, y Él me respondió: "Hijo, ellos no quieren una relación conmigo, ellos sólo quieren una aventura, nada que demande mucho compromiso". ¿Tú quieres la plenitud del Espíritu? Pues mi querido hermano, ahí está la respuesta. Hay un precio que pagar, y es alto. Yo sé que el precio más alto ya fue pagado por Jesús, pero algo tan grande y maravilloso no lo obtendrás en una tienda de baratijas. Te va a costar (Mateo 25:9), tienes que morir al "yo". Ese es el precio. Pero si lo haces, vas a ver que vale la pena. Él lo vale TODO.

Si lo estás buscando, si tu sed por Él se ha vuelto insaciable, es necesario "ponerle gasolina a tu auto" porque con el aliento de otros muy pronto te encontrarás "varado", triste, apagado de nuevo. Estarás buscando otra vez al predicador ungido o la música que un día te hizo erizar la piel, leerás el pasaje con el que Dios te tocó en otra ocasión y es posible que te funcione una o dos veces más, pero luego se detendrá. Esto no es lo que Dios quiere, el Espíritu Santo de Dios desea que tengas una relación permanente con Él. Medita por un momento en esta Escritura:

> "¿O pensáis que la Escritura dice en vano: el Espíritu que
> Él ha hecho morar en nosotros nos anhela celosamente?"
> —SANTIAGO 4:5

Él te anhela, te busca, desea que tengas comunión con Él, que le conozcas. Él tiene tanto para darte, y desea dártelo. Tienes que darte esa oportunidad de conocerlo y dejarte amar por Él.

Cuando un creyente tiene una relación firme con el Espíritu Santo, va de gloria en gloria y de victoria en victoria. No siempre mis devocionales están saturados de su presencia, pero sí de bendición. A veces parece que Él no está ahí. Leo mi Biblia, lo adoro, lo he llamado, estoy por dos horas encerrado en mi estudio, y no, no lo siento con la plenitud de otros días. Pero no es sino poner un pie fuera de mi estudio y el clima cambia de inmediato, como de cálido a frío, y no hablo del clima físico, sino del espiritual. Es entonces cuando me doy cuenta de que Él sí ha estado ahí conmigo. Espero hasta que Él venga y su presencia es tan real que toca todo mi ser y lo que para mí era confuso, se hace claro. El temor desaparece y todo cambia alrededor. No hablo solamente de una sensación en la piel, es mucho más que esto. Hablo de una relación verdadera, cercana con el Espíritu Santo, más allá de lo que muchos se pueden imaginar, pues Él está más cerca de lo que crees, y es más real que tú.

Salgo con tal gozo y confianza que quisiera saltar, ¡qué cambio! Entro en esa habitación con quebranto, temor, tristeza, angustia, derrota y un tiempo después, mi rostro es transformado al estar en la presencia del Espíritu Santo, el Consolador. Así como la gallina cobija con sus alas a sus polluelos, Dios está envolviéndonos con su presencia. En el principio, dice la Palabra, el Espíritu de Dios se movía sobre la faz de las aguas y fue cambiado todo en una preciosa creación (Génesis 1, 2). Cuando tienes comunión con Él, te sientes cobijado, seguro, y en paz.

Dios quiere que tengamos un diario vivir para Él, que todos los días lo busquemos, lo consultemos y compartamos con Él, que se nos vuelva una necesidad y no una carga u obligación. Dios no quiere que seas una persona que solo busca experiencias como un toque, caer al piso o ser quebrantado. Como esas que lamentablemente se ven con tanta frecuencia: personas que van a las iglesias y tiemblan, lloran, hablan en lenguas, y cualquiera creería que están llenas de Dios y tienen comunión con su Espíritu. Pero tristemente sus vidas, su forma de hablar, de tratar a los demás, no reflejan el fruto del Espíritu, sino toda su carnalidad y emocionalismo. Por eso digo que no se trata de una experiencia, se trata de rendirte a Él, hacer su voluntad y cultivar cada día la comunión íntima con el Espíritu Santo.

Si de verdad quieres cultivar la amistad con el Espíritu Santo, debes prepararte, porque si vas a entrar en intimidad con Él, tremendas cosas te van ocurrir: unos días llorarás, otros reirás a carcajadas, vas a saltar de alegría, estarás asombrado por las cosas que te hará saber, y lo más importante es que Él transformará tu corazón y tu carácter, nunca volverás a ser el mismo, es algo increíble. Caminar con el Espíritu Santo, hacerlo tu mejor amigo, se convertirá en la experiencia más gloriosa de toda tu vida. Para mí ha sido así y lo será siempre, pues como ya lo escribí anteriormente: no cambio un solo minuto que he pasado con Él por nada en este mundo.

A veces pienso en los jovencitos que van como locos desenfrenados buscando emociones fuertes, corriendo en sus autos a velocidades suicidas, practicando deportes extremos, o buscando en el sexo, la droga y la música algo con qué calmar sus hormonas alborotadas y saciar su sed, buscando las cosas más raras y excéntricas. Si ellos se encontraran, si tuvieran un encuentro con el Espíritu Santo, ¡uff!, jamás volverían a ser los mismos.

Él trasformará tu vida, todo el que se acerque a ti sabrá de tu relación con el Espíritu Santo, porque su aroma se pega a todo tu ser. Si se puede comparar, es como el buen perfume: cuando te lo aplicas, a los pocos minutos tu olfato ya no lo percibe porque te acostumbras al olor, pero una persona que pase junto a ti sí lo notará. ¡Claro! Como te dije, su aroma se pega a ti, a todo lo tuyo.

He visto a algunos de mis amigos, Fernando Sosa, Ralph Wilkerson, quebrantarse cuando atraviesan las puertas de mi estudio o de nuestra a casa. Ellos me dicen: "Ricardo, aquí se siente la presencia de Dios de una manera muy real".

Hace un tiempo compramos un terreno y la dueña, a quien no conocíamos personalmente, vino a nuestro apartamento para cerrar la compra. Cuando se sentó en la sala, Patty notó en ella una gran ansiedad y le preguntó: "¿Le pasa algo? ¿Puedo ayudarla de alguna manera?". Ella entonces comenzó a llorar y le dijo: "Ay, perdóneme, pero no sé qué me pasó, tan pronto como su esposo me abrió la puerta yo sentí una paz, una alegría inmensa. Él es alguien muy especial ¿no es verdad?". "Él es pastor, y además mantiene una linda relación con el Espíritu Santo", le contestó Patty. Enseguida ella le abrió su corazón y le contó acerca de su esposo, quien tenía una terrible lucha contra la muerte, le habían diagnosticado un cáncer terminal y los tratamientos no le ayudaban para nada. Oramos por ella y su esposo, y vimos cómo la mano poderosa de Dios intervino en esa situación. Hoy toda su familia es salva, su esposo se sanó del cáncer y para nosotros es un gozo verlos allí en cada servicio, creciendo para Él.

Como ves, por causa de Él, casi todo encuentro "casual" que tenemos con las personas, termina en un motivo de honra hacia Dios. Es Él quien toca y transforma todo a su paso.

En otra ocasión, a una pareja de pastores muy amados para nosotros, les prestamos nuestra casa de recreo. Miguel estaba sufriendo de un fuerte dolor en su espalda, ya había consultado a un médico porque no era algo pasajero, le habían recetado calmantes y distinta clase de medicamentos, pero su condición no parecía mejorar. Su esposa llamó a Patty para agradecerle por nuestra hospitalidad y le dijo: "Gracias por todo, quiero testificarte que Dios nos permitió sentir en tu casa algo muy grande. Patty, la presencia de Dios que los acompaña es tan maravillosa y tal vez ustedes ni siquiera lo saben. Mira esto tan tremendo que nos ocurrió: tan pronto como Miguel se recostó sobre la cama me llamó sobrecogido y me dijo: "Estoy sano, es sorprendente, se ha ido el dolor en mi espalda". Él está completamente sano y te cuento que también los niños sintieron en tu casa algo tremendo".

Los pastores amigos, la señora de la casa y los pastores Arrázola, no estaban testificando de un hombre. Todos ellos estaban hablando de Él, de su presencia maravillosa. Puedes creer que todo a tu alrededor será igual, que las cosas se desarrollarán de manera tan natural, pero quiero advertirte que jamás serás el mismo. Prepárate porque de aquí en adelante vas a vivir cosas que te sorprenderán y te dejarán sin palabras.

A veces la gente dice: "Es que Ricardo y Patty son unos tremendos visionarios", pero no, no es verdad. El Espíritu Santo de

Dios lo es. Él es quien nos dice cómo hacer las cosas y permite que prosperen. Procuro no pasar por alto lo que Él hace y nunca he dejado de maravillarme, aunque a veces hay cosas que pasan desapercibidas para nosotros, porque no siempre nos damos cuenta en ese diario vivir con Él, cuánto hemos sido afectados por el Espíritu y cuánto llegamos a afectar a otros con su aroma.

La relación con el Espíritu Santo se convierte en algo que lo deja a uno permanentemente insatisfecho, en el sentido de que siempre quiere más, más de su presencia, más tiempo para estar a solas, más comunión. Aunque al mismo tiempo, te llena plenamente porque aprendes que nada fuera de Él puede saciar esa hambre y esa sed espirituales.

Exactamente eso es lo que espero que experimentes al leer este libro, que sientas esas ganas de buscar a Dios. Quiero llevarte a un lugar glorioso en el Espíritu, que se convertirá en el lugar de insatisfacción, porque estarás tan satisfecho y saciado de su gloria, que al día siguiente correrás por más. Vas a querer mucho más y Él te dará, de nuevo te saciará, pero nunca estarás hastiado, sólo estarás satisfecho y con hambre de más.

El famoso predicador Smith Wigglesworth dijo: "Voy a llevarles a un lugar de insatisfacción, un lugar donde nunca volverán a estar satisfechos; sólo satisfechos con una satisfacción que no puede ser satisfecha". Por eso, he dicho muchas veces que esta amistad con el Espíritu Santo te convierte en un "adicto" de su presencia.

Cuando era un joven creyente sabía que al entregarle mi vida al Señor Jesús me transformaría, conocí al Padre celestial de una manera muy especial. También conocía en profundidad y con claridad la teología acerca del Espíritu Santo, pero lo que no sabía es que yo podía llegar a conocerlo de una manera tan personal, tan íntima. Esto no te lo enseñan en ningún seminario, no fue algo que leí en los libros de teología. Nadie me lo dijo, nadie me lo enseñó. ¿Por qué? No tengo idea. Pero sí sé una cosa, que a partir del momento en que me encontré con esta tremenda realidad, me propuse darla a conocer. Tú también puedes conocer al Espíritu Santo, puedes hablar con Él. Si Jesús lo dejó con nosotros como el Consolador y el Consejero, entonces ¿cómo ignorarlo? ¿Cómo no abrirle tu corazón? (Juan 14:26) Cuando quiero un consejo sabio abro totalmente mi corazón a Él, y en verdad son asombrosas las cosas que me ha revelado y terribles los líos de los que me ha librado.

No sé si alguna vez has sido consolado por Él. Cuando era niño, jugaba con mis hermanos pues nací en medio de una familia numerosa, también peleaba con ellos y cuando me golpeaban o me hacían una injusticia, corría a los brazos de mamá buscando ser consolado. Ella me acariciaba o me daba un beso, y eso era suficiente. Ahora cuando tengo serios problemas, las caricias de mi madre no son suficientes. Las palabras de ánimo de los amigos y hermanos tampoco lo son. Sé que algunos de tus problemas son tan serios que un buen consejo no sería suficiente. Necesitamos ir a Él, porque cuando somos consolados, entonces todo será diferente, será tan impactante su consolación y surtirá tal efecto, que podrás consolar también a otros que están en la misma tribulación, porque Él es Dios de toda consolación. Así lo registra el apóstol Pablo:

> "(…) y Dios de toda consolación, el cual nos consuela en todas nuestras tribulaciones, para que podamos también nosotros consolar a los que están en cualquier tribulación, por medio de la con que nosotros somos consolados por Dios".
>
> —2 CORINTIOS 1:3–4

Creo que estamos a la puerta del despertar espiritual más glorioso de todos los tiempos: Un derramamiento del Espíritu Santo sin precedentes. Esto está comenzando a venir sobre la faz de la tierra. Creo que el Espíritu Santo está anhelando tener una relación estrecha con el pueblo de Dios, una comunión directa contigo y conmigo. No me refiero a una relación fría, sino a una intimidad donde Él te habla, te enseña y te consuela.

Capítulo 15

MI MEJOR AMIGO

Voy a ser muy honesto al dar inicio a este capítulo, pues creo que algunos, como yo, hemos tenido luchas intelectuales y argumentos religiosos para enfrentar la realidad del Espíritu. Al principio de mi amistad con Él, llegué a pensar que podría provocarle celos al Señor.

Me dije: "Tenemos un Dios trino y si la mayor parte de mi enseñanza y oración la enfocaba en el Espíritu Santo, ¿no sentirán celos el Señor Jesús o el Padre celestial?". Esto lo digo pensando en la escritura:

> "Os conviene que yo me vaya; porque si no me fuera, el Consolador no vendría a vosotros; mas si me fuere, os lo enviaré".
>
> —JUAN 16:7

Puede parecer una pregunta muy básica, pero realmente me preocupaba. Estaba aprendiendo y es normal hacer esta clase de preguntas para no errar. ¿Pero sabes qué me respondió el Espíritu Santo?: "No, hijo, en la Trinidad no hay celos".

Las Sagradas Escrituras contienen muchos versículos que hablan su persona y su obra, de su relación con el Padre y con el Hijo, y de su carácter. A continuación te mostraré algunas de las citas bíblicas más contundentes que dan luces sobre el tema.

Quiero enfatizar en que no se trata de una "nueva teología" ni de "la moda de hablar del Espíritu Santo". Esta doctrina siempre ha estado en la Biblia, siempre se resalta la intervención del Espíritu de Dios, desde Génesis 1 hasta Apocalipsis 22. Sin embargo, el pueblo de Israel y la iglesia de Jesucristo en muchas ocasiones han ignorado la persona y la obra del Espíritu Santo, e incluso han surgido doctrinas de error que niegan su divinidad y su intervención real en los creyentes. Te invito a que profundices en estos pasajes de la Biblia y a que escudriñes las Escrituras con un corazón abierto, y podrás ver la realidad de las cosas que aquí se mencionan.

El Espíritu Santo en la Trinidad y su obra en el creyente

En el Evangelio según San Juan capítulo 14, en la segunda parte del verso 21, dice:

"El que me ama será amado por mi Padre".

Eso quiere decir que el Padre no está celoso diciendo: "Miren, ahora este está loco por Jesús, lo ama intensamente y ¿qué de mí? ¿Me dejó de lado?". ¡No, no! Ahí lo que dice es que si amas a Jesús, el Padre te ama. Si estás loco por Jesús, el Padre te amará a ti.

Jesús dijo que Él no ha venido a buscar su propia gloria sino la gloria de su Padre (Juan 8:50, 54). Él no estaba buscando lo suyo. Y con relación al Espíritu, Jesús dijo:

"Él me glorificará".

—JUAN 16:14A

El Espíritu Santo tampoco estaba buscado lo suyo, pues Jesús dijo:

"Él dará testimonio acerca de mí".

—JUAN 15:26B

Entre ellos no existen los celos. Si tú glorificas a Jesús, el Padre estará contento. Y si tienes comunión con el Espíritu Santo, entonces el Padre y el Hijo estarán contentos contigo porque estarás obedeciendo su Palabra (2 Corintios 13:14).

A través de estos pasajes, el Espíritu Santo me confirmaba la palabra que me había dado y mi pregunta quedaba de esta manera claramente respondida, de modo que fui libre de ese temor. No temas, por tanto, entrar en esta *koinonia,* palabra griega para indicar "amistad íntima, comunión" con el Espíritu Santo.

Quiero que esto te quede totalmente claro. Presta atención porque es muy importante. Todo lo que tú pidas, tienes que pedirlo al Padre celestial.

"Toda buena dádiva y todo don perfecto desciende de lo alto, del Padre de las luces, en el cual no hay mudanza, ni sombra de variación".

—SANTIAGO 1:17

¿En el nombre de quién lo pides? En el nombre glorioso de nuestro Señor Jesús.

"Y todo lo que pidiereis al Padre en mi nombre, lo haré, para que el Padre sea glorificado en el Hijo. Si algo pidiereis en mi nombre, yo lo haré".

—JUAN 14:13–14

Quiero hacer un fuerte énfasis en esto, porque me preocupa que me malentiendas. A veces oigo decir que le pidieron al Espíritu Santo. ¡No! Tú no le pides a Él, siempre tienes que pedirle a nuestro amado Padre, en el nombre del Señor Jesús.

Pero eso no anula o invalida la posibilidad de tener una estrecha relación con el Espíritu Santo de Dios. Por el contrario, estaríamos desobedeciendo la orden que nos dejó el Señor Jesús antes de partir, sus últimos consejos. Él dijo:

"Pero yo os digo la verdad. Os conviene que yo me vaya; porque si no me fuera, el Consolador no vendría a vosotros; mas si me fuere, os lo enviaré".

—JUAN 16:7

¿Para qué lo envió? Para guiarnos a la verdad y hacernos saber todas las cosas que vendrán (Juan 16:13), para recordarnos sus palabras y enseñarnos todas las cosas (Juan 14:26). Entonces Él viene a ser nuestro Maestro porque nos enseña. Nuestro pastor, porque nos guía. El que nos revela aun las cosas profundas de Dios (1 Corintios 2:9–12) y el líder indiscutible de la iglesia y de cada creyente.

"Él os guiará a toda la verdad".

—JUAN 16:13A

Él te guía, tú no estás solo. Dios no nos dejó solos. Aunque esta humanidad va sin rumbo definido y hay confusión en las decisiones, aunque no hay certeza del camino y mirar hacia el futuro causa temor e incertidumbre. Así como Israel seguía la nube en el desierto, porque les guiaba hacia la tierra prometida; hoy día, el pueblo cristiano tiene esa misma nube, dirigiéndoles a conquistar todas las promesas del Señor, guiado y enseñado directamente por el Espíritu de Dios. Puedes estar seguro que Dios no está escondido detrás de una nube, Él ha sido dejado para guiarnos a ti y a mí.

He procurado en mi ministerio buscar cada día su dirección. Este libro que tienes en tus manos es dirección del Espíritu Santo. Sé que Él lo puso allí con un propósito. Quizá quiere decirte algo, confirmarte algo, enseñarte algo…No lo sé, sólo sé que todo está bajo su control.

Ahora bien, si escudriñas el libro de Hechos de los apóstoles, descubrirás que la iglesia primitiva estuvo sometida al liderazgo del Espíritu Santo. Por ejemplo, los apóstoles no salieron a predicar hasta que Él vino sobre ellos. Predicaban donde Él los enviaba (Hechos 8:29; 10:19–20; 11:5–17). ¿Sabías que escogió a los apóstoles para misiones especiales? (Hechos 13:2–4). ¿Y que Él fue quien apartó para sí a obispos y pastores? (Hechos 20:28). También los dirigió con exactitud a cuáles ciudades debían entrar y a cuáles no debían ir (Hechos 16:6-10). ¿Quién fue el líder de la iglesia primitiva? Es obvio, el Espíritu Santo. Si hoy no es así, ¿no crees que algo ande mal?

Él es quien nos da testimonio que somos hijos de Dios, nos ayuda en nuestra debilidad, es quien intercede por nosotros (Romanos 8:16–27). Él me enseña todos los días acerca de Jesús. En verdad puedo decirte que desde el inicio de mi relación con el Espíritu Santo, mi amor por el Dios eterno ha crecido inmensamente. Cuando lo adoro, hay momentos en que siento como si mi pecho fuera a estallar. Me ha llevado a una mayor consagración y compromiso con Él. Cuando pienso en la obra redentora, no puedo menos que renovar mi pacto de serle fiel y servirle hasta el último aliento de vida que me reste. Amo a mi Padre celestial, hoy tengo una relación muy dulce con Él, siento que puedo

descansar en su regazo como si volviera a ser un niño peque-
ñito, le canto, lo adoro, pido su protección y hasta los capri-
chos más insignificantes se los pido y siempre me responde. Lo
amo, los amo, y por eso mi amistad con el Espíritu Santo es tan
importante.

Aprendí que así debe ser. ¿Por qué? Porque fue su última
voluntad, el Señor Jesús nos lo dejó como su reemplazo. No
quería que nos sintiéramos huérfanos o solos, por eso nos lo
dejó. Pero por mucho tiempo decidimos ignorarlo, dejarlo de
lado. Cuando el Señor Jesús vino a la tierra hubo muchas cosas
que los discípulos no entendieron muy bien. Por ejemplo, en el
monte de la Transfiguración, el Padre se les reveló y refirién-
dose a Jesús les dijo:

> "Éste es mi Hijo amado, en quien tengo complacencia, a
> Él oíd".
>
> —MATEO 17:5B

Si ellos amaban en realidad al Padre, tenían que oír a Jesús.
Quien iba a hablarles era el Verbo de Dios, era la palabra viva
de Dios. Este fue el mandato dado por el Padre. Así mismo el
Señor Jesús nos dejó al Consolador, al paracleto (palabra griega que significa consolador, implicando también la idea de uno
que es puesto al lado de otro para ayudar), y de la misma forma que el Padre dijo: "A Él oíd", así Jesús nos dijo del Espíritu Santo:

> "Él os enseñará todas las cosas, y os recordará todo lo que
> yo os he dicho".
>
> —JUAN 14:26

En otras palabras: "A Él oíd".

Evans Roberts, el evangelista de Gales, dio comienzo al avivamiento más grande del que yo haya tenido conocimiento en estos últimos cien años. Este hombre tenía una enorme claridad acerca de la persona del Espíritu Santo y Dios lo respaldaba asombrosamente. ¡Qué ministerio! Él hizo poderosas declaraciones, tales como:

> "Nosotros olvidamos que hay una trinidad en el Dios todopoderoso y que esas tres personas son absolutamente iguales. Nosotros adoramos al Padre y al Hijo, ¿Puede alguien producir una razón satisfactoria por la que no debemos adorar al Espíritu Santo? ¿Y por qué no lo adoramos? Lo hemos tratado como algo, como a una cosa, este es un grave error, las cientos de iglesias que lo han ignorado escuchen la Palabra de Dios: "No contristéis al Espíritu Santo de Dios"".
>
> —Efesios 4:30a

¿Quieres un avivamiento en tu iglesia? ¿En tu vida? Pues ahí tienes la clave. Sin el Espíritu Santo, no habrá avivamiento. Él es el avivamiento.

Amados consiervos y amigos, yo he sido un estudioso de los avivamientos, el tema me apasiona, y he descubierto que cada gran avivador al que Dios ha usado a través de la historia, cada uno de ellos, vivió una profunda relación con el Espíritu Santo. Hoy algunos historiadores resaltan con mayor énfasis la oración o el ayuno, yo los considero vitales e importantes en todo ministerio, pero lo que sí es totalmente imprescindible es la presencia del Espíritu Santo. ¡Él tiene que ser el gran protagonista! Invítalo ahora a ser el protagonista de tu vida y de tu ministerio.

Capítulo 16

ESTÁS EN CASA

Patty y yo éramos unos bebés espirituales, apenas nos acabábamos de afirmar, pero estábamos viviendo ese primer tiempo con pasión, ese inolvidable momento en que si bien vas dando pasos torpemente, no importa cuántas veces te caigas y te golpees, quieres insistir, quieres perfeccionar la marcha.

Una mañana, un grupo de mis familiares comenzó a adorar al Señor y a orar en la cabaña de mis padres. Patty y yo nos unimos de buena gana. De pronto, ella se me acercó y me preguntó:

—Amor, ¿en la Biblia hay un libro que se llame *Jhoel*?

Ella estaba pronunciando el nombre del libro como se pronuncia en inglés y por eso dudé un momento.

—Humm… déjame pensar… Jhoel, Jhoel… Sí. Hay un libro en la Biblia que se llama Joel.

—Es que estoy teniendo una visión. Estoy viendo ese nombre con un número alrededor, —me dijo.

—¿Qué número?, —le pregunté.

—Joel 2.

Abrí mi Biblia de inmediato en ese pasaje, y en el verso 16 había un anuncio de parte de Dios convocándonos a todos para darnos buenas noticias. Como estaban allí mis hermanos con sus esposas, los jóvenes y los niños, pensamos que todos responderían al llamado, pero nadie quiso hacer caso, menospreciaron la palabra, tal vez porque estábamos recién convertidos, pero Patty y yo quedamos deseosos de saber qué diría el Señor.

En la noche nos reunimos unos pocos alrededor de la chimenea y orando vino nuestro llamamiento, el principio del llamamiento. Dios tomó a uno de nuestros familiares y nos dio la orden de ir a tres días de ayuno, pero ni ellos ni nosotros imaginábamos de qué se trataría o cuál sería el mensaje del Señor. Al volver a casa, el mismo lunes iniciamos nuestro ayuno. ¡Tres días de ayuno! Fue bastante duro, no estábamos acostumbrados, pero al terminar teníamos la certeza de que Dios nos había apartado para servirle.

El Señor me habló a través del libro del profeta Isaías en el capítulo 45 y me confirmó el llamado en una visión que le dio a Patty acerca de este glorioso avivamiento. Ella vio a Colombia como un gran desierto, seco, la tierra totalmente resquebrajada y polvorienta, pero Dios nos tomaba a los dos con un grupo de hermanos y por dónde íbamos pasando, el suelo comenzaba a reverdecer, a cobrar vida. Luego esta misma bendición y unción, este mismo fuego, se esparcía por todas las naciones de la Tierra. Este fue el comienzo de la carrera que emprendimos en los años ochenta. Ahí todavía éramos unas inexpertas ovejitas, pero apasionadas por Él.

El Pastor de nuestro hogar

Dios me bendijo al regalarme una mujer como Patty, ella es el complemento perfecto de mi ministerio. Dios la dotó regalándole dones espirituales tremendos casi desde que nos convertimos. Era impresionante para mí escuchar los sueños y visiones y el discernimiento espiritual que ella manifestaba. Me sorprendía, a veces me quedaba boquiabierto. Cuando ella no tiene paz con alguien o con algo, es preciso que las cosas no vayan a terminar correctamente. Al principio yo la juzgaba con mi mente natural y pensaba que era algo en su carne, y decía: "No, no, esa persona se ve tan querida, es muy especial y amigable". Patty me respondía: "Es todo lo contrario, tú ves la apariencia externa de esa persona, pero yo siento algo totalmente diferente en su interior". Algunas veces pasé por alto sus advertencias, pero luego tenía que lamentarlo porque el tiempo acababa dándole a ella la razón.

No sabía que esto era discernimiento espiritual, un precioso don del Espíritu Santo, pensaba que era un prejuicio de ella, pero comencé a notar su sensibilidad frente al mundo espiritual. Dios me enseñó a escucharla. Un día me dijo: "Igual como se lo ordené a Abraham: "En todo lo que dijere Sara, oye su voz" (Génesis 21:12); también tú escucha a tu esposa". El Señor me mostró que Él les ha dado a nuestras esposas dones y talentos para que ellas también le sirvan y sean así el complemento necesario para nuestros ministerios. Entendí cuán bueno le sería al hombre escuchar a su esposa.

Dios estaba haciendo un trabajo en ella, una obra maravillosa en su interior. Su sensibilidad es en todo. Ella no soporta los olores fuertes, las cosas ácidas, la luz muy fuerte, el ruido. Todos sus sentidos están agudizados, pero no sabíamos que esto se relacionaba con las cosas espirituales. Dios le regaló a Patty un corazón súper generoso. En la casa, cuando aún estaban los hijos solteros, a veces no encontraban sus zapatos o algún pantalón y gritaban: "Mami, ¿a quién se lo regalaste?". Siempre procura bendecir a las personas. No soporta la injusticia. Si la quieres ver furiosa, es precisamente cuando se cometen injusticias. Ella no les permite hacer esto a los hijos, ni a nadie. Esta ha sido una de sus grandes virtudes. Patty tiene un carácter fuerte, no puede callarse cuando algo no le parece correcto, pues es muy sincera. Siente una terrible carga por las viudas, los huérfanos y los ancianos. Durante veinte años ha guardado la disciplina de leer todos los días un capítulo del libro de Proverbios entre su lectura diaria de la Biblia. Así que ya podrás imaginarte, como ella dice: "No en vano Dios nos regaló un capítulo para cada día". Ella lee todos los meses el libro de Proverbios, y lo ha hecho así por veinte años. Esa sabiduría de las Escrituras se le ha impregnado. Para mí, es muy importante Patty como equipo de trabajo. No sólo es maravillosa como esposa sino como madre, abuela, hermana e hija. Cuida de toda nuestra familia, la mía y la de ella, como la gallinita cuida de sus polluelos. Siempre está orando por todos, supliendo hasta donde Dios le permite para sus necesidades, pero además y lo más importante, es una mujer de Dios.

El Señor enviaba a sus discípulos de dos en dos a los lugares que debían ir, y a mí me sucede igual con ella, porque yo no necesito viajar a las naciones con ninguno de los hermanos que me acompaña en el ministerio, y no quiero menospreciarlos, pues son muy especiales. Además, casi siempre viajan dos o tres de nuestros hijos con nosotros, pero Patty nunca se queda en casa. Yo aprendí a caminar con ella todo el tiempo, porque Dios no me llamó solo a mí, Él nos llamó a los dos. Estábamos de rodillas en la habitación orando cuando nos dijo: "Yo los envío". Así que yo no fui el enviado. Dios nos ungió y nos envió a los dos para la obra del ministerio, por lo que yo siento ese apoyo, ese respaldo. Ella es una tremenda columna de bendición para mi vida y ministerio.

Quiero hacer un fuerte énfasis en que no dejes rezagada a tu esposa. Ellas es el "seguro" perfecto que Dios te ha regalado. Recuerda que desde el libro de Génesis, Dios nos lo advirtió y nosotros lo hemos desoído:

"No es bueno que el hombre esté solo; le haré ayuda idónea para él".

—GÉNESIS 2:18

¡Ayuda idónea! Pero a veces queremos hacer las cosas mejor de lo que Dios nos ha enseñado y erramos, nos tropezamos. Cuando Dios nos llamó al ministerio, recibimos esta palabra:

"Porque Jehová creará una cosa nueva sobre la Tierra: la mujer rodeará al varón".

—JEREMÍAS 31:22B

¿De cuántas caídas y vergüenzas te librará el Señor sólo con escuchar el consejo de tu esposa?

Este es un tiempo muy diferente. Creo con todo mi corazón que Dios está interesado en utilizar no sólo las parejas ministeriales, sino las familias ministeriales. Yo le doy gracias a Dios porque hoy mis hijos están totalmente consagrados a servirle junto con sus cónyuges e hijitos. Creo que ha sido uno de mis grandes deseos hecho realidad: la familia entera sirviendo a Cristo y haciéndolo con pasión, no con pereza o por obligación.

Piensa por un momento: ¿Cuántos ministros han caído en adulterio? Y no sólo en adulterio sino también divorcios y pecados morales graves, cubriendo el altar de Jehová con lágrimas. Me gustaría que leyeras esta Escritura: Malaquías 2:13–16. Ella refleja la importancia de la pareja para los que sirven a Dios. Sin embargo, lamentablemente, muchos pastores y líderes no obedecen la Palabra de Dios, no se rodean de su esposa, y con seguridad siempre aparece la "supermujer" espiritual para ayudarlo, para "interceder" por él y para servirle luego de tropiezo y caída.

En mi caso, durante mi tiempo devocional yo tenía esta maravillosa intimidad con el Espíritu Santo, pero cuando ministraba estaba muy cuadriculado, como metido en un cajón, todo organizado, sabía cuándo y cómo decir cada cosa. Fue entonces cuando el Señor comenzó a usar a mi esposa de manera muy diferente y maravillosa, por lo cual tuve que acercarme y aprender. Poco a poco Dios comenzó a mudar mi corazón y a hacerme una persona muy sensible, hasta el punto de que ahora quien se sorprende es ella, ¿puedes creerlo? Cuando entramos en el servicio y tomo una dirección totalmente diferente, ella me mira y yo le digo: "Sígueme, el Espíritu Santo se está moviendo por aquí", y son tremendas las cosas que Él hace. Qué maravilloso cuando nos unimos y el Espíritu Santo de Dios viene sobre nosotros, me toma, y doy dos, tres palabras de sanidad o una palabra profética, y de pronto, es como si se me acabara la batería. Entonces el Espíritu Santo toma a Patty, ella se levanta como gigante y comienza a ministrar. Cuando termina es igual, como que se agotara su batería. Luego vuelve sobre mi vida y otras veces desciende sobre la reunión y nosotros somos los que nos quedamos sorprendidos.

¡Realmente hemos disfrutado esta amistad con el Espíritu Santo! Cómo Él toma las reuniones y las cambia totalmente, les da una dirección impresionante, encontramos a los hermanos restaurados, abrazándose, postrados reconciliándose, con gritos y gemidos clamando al Señor. ¡Es tremendo! Hablo de momentos donde el Señor entra directamente en el corazón de las personas y las cambia. Ahí comprendí la Escritura que dice "uno a mil, y dos hacer huir a diez mil" (Deuteronomio 32:30). Aprendí a ministrar con mi esposa en pareja, supe que estando junto a ella nuestro ministerio y trabajo para Él sería diez veces más efectivo. El Espíritu Santo es quien hace todas las cosas. Cuando ministramos en las naciones no somos dos personas sino una sola, totalmente fundidos y rendidos bajo la dirección y unción del Espíritu Santo.

Mi relación con el Espíritu Santo provocó sed en mi esposa. Ahora es una buscadora de Dios apasionada, pero también provocó que nuestro hijo menor Juan Sebastián—quien para ese tiempo estaba soltero—, fuera tocado por Él. A todos nuestros hijos les enseñamos desde pequeños a tener tiempo con Dios, y Juan Sebastián no fue la excepción.

En agosto del 2008 yo había predicado una serie de sermones acerca de mi amigo, el Espíritu Santo. Una noche de viernes él había quedado muy impactado con el sermón, Dios lo había tocado profundamente, llegó de la iglesia directo a su habitación y se encerró a orar. Esa noche Dios lo tocó, fue impresionante lo que Él hizo con nuestro hijo menor. A partir de ese momento también él se apasionó por el Espíritu Santo, y a pesar de tener sólo dieciocho años en ese momento, quedó enamorado de este nuevo amigo. Desde entonces, Dios lo ha estado usando y visitando poderosamente. Y luego, poco a poco, el resto de nuestros hijos fueron siendo tocados por el Espíritu Santo y la misma pasión se ha impregnado en sus vidas, y ahora en la vida de nuestros nietos.

Como ves, no sólo traje la presencia de Dios a mi lugar secreto, también la llevé a la iglesia y a mi hogar. Ahora Él es el Pastor de mi hogar. Temprano en la mañana, Patty en su lugar, y yo en mi estudio, tenemos comunión con Dios, hasta el punto que tomamos la decisión de hacer de nuestra casa la casa de "sus" amigos, y que el Espíritu Santo pueda decir: "Voy a casa de mis amigos". Fue así como Él se convirtió en el Pastor de nuestro hogar. ¿Sabías que también puede ser el Pastor del tuyo? ¡Sí! Él puede y quiere.

Capítulo 17

NO SÓLO EXPERIENCIA, UNA RELACIÓN

Y me buscaréis y me hallaréis, seguro que me buscaréis de todo vuestro corazón". El Señor dice: "Seré hallado, seré hallado de ellos, me dejaré encontrar". Él no se va a esconder porque le buscas de corazón.

En este momento, de una manera muy especial le pido al Espíritu Santo, en el nombre de Jesús, que las palabras de esta Escritura te lleven a una profunda reflexión y convicción que traiga cambio en tu caminar con Él. La Biblia dice: "y Enoc caminó con Dios". Dispón tu corazón y dile en tus palabras que quieres caminar con Él cada día, que quieres asegurarte que Él va contigo mientras tú le sigues.

Dice el libro del profeta Amós capítulo 3, verso 3:

"¿Andarán dos juntos, si no estuvieren de acuerdo?".

Prepara tu corazón porque el Señor va a hacer algo en tu vida. Alrededor del año 93 estuve en España con el propósito de ir a África. Hice la ruta por ese país, mientras que otros pastores que iban conmigo se fueron todos por Sudáfrica. En los días que estuve en España ministré en algunas iglesias, una de ellas fue una congregación gitana muy fuerte, un poco legalista, pero un buen pueblo. Tengo un gran aprecio por ellos. Después de ministrar esa noche en una reunión con el liderazgo, ellos abrieron su corazón y me contaron acerca de un avivamiento que tuvieron meses atrás. El Espíritu Santo comenzó hacer algo cuando un predicador los visitó y ellos fueron tocados, y la iglesia comenzó a experimentar un avivamiento al punto que se reunían todas las noches. El local no era muy grande pero todas las noches estaba lleno. Dicen que duró tres meses y se acabó. El pastor dijo: "No volvió el fuego del avivamiento".

Como esa experiencia, esto ha pasado frecuentemente en la iglesia del Señor, pero tengo que decir cómo pasan estas cosas, para que nunca te pasen a ti ni nos pase a nosotros como ministerio.

Los matrimonios se divorcian y se destruyen, las sociedades están rotas, las amistades también se rompen, cuando no estamos de acuerdo. "¿Andarán dos juntos si no estuvieran de acuerdo?". El Señor me dijo: "Una amistad, una sociedad o un matrimonio deben cultivarse".

No puedes mentir en una relación de pareja porque empiezas a quebrantar la confianza. No puedes herir a la persona y pensar que las cosas marchan bien porque estás causando un daño en el corazón de ella. No puedes resistirla. Si es tu pareja, cómo la vas a resistir. Si es tu socio, si es tu amigo, esa resistencia va a dañar la relación. No puedes hablar contra él, es de las cosas que nosotros más atacamos en este ministerio. En la vida matrimonial, que la mujer no hable contra el marido ni el marido contra la mujer, porque son una sola carne. Tampoco puedes estar desconfiando de él porque, ¿cómo podrías asociarte con alguien de quien desconfías? Probablemente dirías: "Me está traicionando, me está engañando". Tienes que avivar esa relación, no puedes dejar que simplemente se muera. La relación con tu amigo, al que nunca llamas hasta que se enfría y se acaba la amistad. Con tu pareja, si no mantienes la relación avivándola, se va a morir. No puedes ignorarlo porque haces daño. A veces sólo utilizamos las personas pero es necesario hacer amistad.

El Espíritu Santo es una persona, tienen que saberlo, no sólo escucharlo. Cuando se habla de la doctrina del Espíritu Santo, tienes que saber que el Espíritu del Señor es una persona, y este acercamiento a nuestro Dios está basado en una relación. Él es un Dios de relación con el hombre, no quiere estar aislado. Él quiere acercarse, fue Dios mismo el que se acercó al hombre para reconciliarnos consigo, y nos dejó el Espíritu Santo para que estuviéramos en comunión con Él. A Dios le gusta el compañerismo con el hombre, con nosotros, sus hijos.

Es una relación con el Espíritu del Señor, no es una experiencia. Somos tocados por Él, pero mentimos. Somos tocados por Él y dudamos de su fidelidad. Somos tocados por Él y apagamos esa relación, lo herimos continuamente. Consentimos el pecado y queremos que nos siga tocando, que nos siga ministrando, queremos más, ¡otra experiencia Señor! Él no juega a eso. El Espíritu Santo no juega a una aventura.

Tienen que saber que el Espíritu Santo no juega a las aventuras románticas. ¡Él nos anhela celosamente! ¿Andarán dos juntos si no estuvieren de acuerdo? Él no va andar con quien no esté de acuerdo, no se va a rebajar a simplemente una experiencia.

Si estás casado, la pareja que tienes es una persona que siente, ama y desea ser comprendida y escuchada. ¿Por qué crees que nuestro Dios es diferente si hemos sido hechos a su imagen y conforme a su semejanza?

Dios demanda una relación con Él, un pacto, una amistad. Él demanda *koinonía*, compañerismo, confianza en Él y en sus promesas. El peligro en la relación con el Espíritu Santo es mentirle.

Un claro ejemplo es Ananías y Safira en el capítulo 5 del libro de Hechos. Recién había comenzado una explosión de avivamiento, quizás Ananías pensó que era una experiencia. El lugar tembló, todos fueron llenos del Espíritu Santo, hablaban con denuedo la Palabra y había tal gozo que la gente tenía las cosas en común, y los que tenían más sacaron de sus propiedades para ayudar y la obra prosperaba. Ananías y Safira, bajo ese mismo fuego, tenían una heredad y la vendieron para traerla a la iglesia, pero cuando iban camino a la iglesia dijeron: "No, sólo digamos que la vendimos en la mitad". Ellos pensaron que engañaban a la iglesia, que engañaban a los apóstoles, pero no se daban cuenta que le estaban mintiendo a una persona, al Espíritu Santo, y murieron. Murieron en la iglesia.

Estás tratando con Dios, con una persona. Isaías dice algo terrible: "En toda angustia de ellos, Él fue angustiado" (63:9). Entiende esto: ¡Él es una persona! Cuando tú tienes una angustia, quizás recuerdes la última angustia que viviste, no sabías cómo pagar la deuda, no sabías si el hogar se iba destruir, no sabías si la enfermedad era mortal, estabas lleno de angustia, pero ¡Él es una persona! y ¡Él también se angustia contigo!

Eso es lo que dice el profeta:

"En toda angustia de ellos él fue angustiado, y el ángel de su faz los salvó; en su amor y en su clemencia los redimió, y los trajo, y los levantó todos los días de la antigüedad. Mas ellos fueron rebeldes, e hicieron enojar su santo espíritu; por lo cual se les volvió enemigo, y él mismo peleó contra ellos".

—ISAÍAS 63:9–10

Él vino y los salvó, más ellos fueron rebeldes e hicieron enojar su Santo Espíritu, por lo cual se volvió enemigo de ellos.

Un viento no se enoja. Un río no se enoja, pero una persona sí se enoja. Oramos para que Él nos libre, pactamos para que Él nos ayude y así lo hace. Clamamos para que Él nos responda, y nos responde, pero después de esto, nos volvemos rebeldes, no le obedecemos, lo olvidamos.

¿Qué creen que siente el Espíritu Santo? Si eres papá y tu hijo está en grandes angustias, tú lo libras, lo ayudas cada vez que necesita, le das todo, y apenas se arregla su problema se olvida de ti por años, te hiere. ¿Qué sentirías? El Espíritu Santo se duele. ¡No resistas al Espíritu Santo!

Esteban, este gran hombre de Dios, lleno del Espíritu Santo, uno de los diáconos de la iglesia, estaba predicando y la gente lo resistía, buscaban cómo confundirlo, no querían escuchar la Palabra, buscaban algo para cazarlo y destruirlo. En el sermón, cuando fue puesto delante del liderazgo para juzgarlo, les habló de José diciendo que Dios lo había escogido, lo había apartado porque con él iba a gobernar y a librar a la familia de Jacob, pero los hermanos tenían celos, lo resistieron y lo vendieron a Egipto. Luego habló de Moisés que Dios lo envió para liberar su pueblo y ellos lo resistieron. Luego envía al Señor Jesucristo y ¡lo resistieron! Luego los apóstoles y ¡los resistieron! Y ahora estaba Esteban predicando y también ¡lo resistieron! Y él les dijo:

"Vosotros resistís siempre al Espíritu Santo; como vuestros padres, así también vosotros".

—Hechos 7:51

Como predicador es fácil sentir esa resistencia. Cuando ocurre el bautismo del Espíritu Santo, con frecuencia les oigo decir que esas manifestaciones o movimientos no son de Dios, o que no tiene por qué ser así. ¿Por qué las lenguas si pueden ser un don de amor?

¡Claro que sentimos esa resistencia! ¿Es necesaria la liberación? No. Los cristianos no tienen demonios. ¿Cómo van a tener demonios si tienen a Jesús en su corazón? Sin embargo, resisten al Espíritu Santo. ¿Por qué? ¡No resistas más al Espíritu del Señor! ¡No lo resistas porque lo hieres!

Cada vez que quiere enviar liberación a su pueblo ¿por qué lo resisten? Si la sanidad es liberación para el pueblo, ¿por qué la resisten? Si la liberación demoníaca es bendición para el pueblo, ¿por qué la resisten? ¿Por qué resisten el voto si está liberando al pueblo de la ruina? ¿Por qué resisten al Espíritu del Señor? ¡No hagan lo mismo que los israelitas en la antigüedad, no resistan al Espíritu del Señor!

Vuelvo a reiterar la pregunta: ¿Andarán dos juntos si no estuvieren de acuerdo? Si no estás de acuerdo con el Señor ¿por qué quieres un avivamiento? Si no estás de acuerdo con el Señor ¿cómo crees que Él va a andar contigo? Clamarán a Él y Él no los librará.

He viajado para buscarlo a Él y todo lo que Él tiene. Si el avivamiento estaba en California, yo quería ir allá. Fui a Gales, Estados Unidos, Canadá y Argentina. Ahora el Espíritu del Señor lo está haciendo en mi nación. Los pastores que vienen de las naciones, saben que Dios lo está haciendo en nuestra tierra. Bienaventurados los benditos del Señor, las "ovejas *online*", porque tienen hambre de Él.

Si Dios está haciéndolo algo, tómenlo y llévenlo a su lugar. Si vienen de otra ciudad, si son ministrados, lo llevan a sus congregaciones. Pero no lo ignores. No hagas como si no lo vieras, porque no se puede esconder una ciudad asentada en tinieblas. No se puede esconder este avivamiento.

Para la gloria de Dios, en las Vegas nos dieron el título de visitantes honorables porque saben lo que pasa en Bogotá. El alcalde de Miami nos distinguió como visitantes honorables de la Florida. No por nosotros, pero han oído lo que Dios está haciendo en nuestra iglesia. Él está sanando, Él está cambiando las vidas y Colombia está prosperando. ¡Claro que sí hay avivamiento en Colombia!

En alguna ocasión vi a una persona prender un fósforo, y rápidamente se le apagaba, entonces le dije: "Ponlo bocabajo.

Cuida el viento hasta que la llama tome fuerza". Lo mismo ocurre con el Espíritu Santo. Dios te toca, pero si tú no cultivas esta amistad, se va a apagar. Y luego esperan que el pastor tenga un servicio de avivamiento para que nuevamente se prenda la llama.

El apóstol Pablo dijo:

"No apaguéis al Espíritu".

—1 Tesalonicenses 5:19

¿Dónde pusiste al Espíritu? Jesús lo envío. ¿Dónde está el Espíritu del Señor? Él quiere darte algo que muchos están buscando. No busques una experiencia sino una relación.

Un creyente, bajo la unción del Espíritu, dijo: "Señor, te voy a buscar todos los días. Hago un pacto contigo". Y luego regresó del servicio tan emocionado, se acomodó en un rincón de su casa, puso dos sillas, su Biblia y música instrumental y dijo: "Señor, te voy a buscar aquí todos los días. Te hago un pacto. Yo te amo". Y comenzó a buscarle, lloraba y leía la Biblia, disfrutaba de esa amistad, pero, un día algo se atravesó y no pudo ir. Al otro día y no pudo ir. Así empezaron a pasar los días y se había olvidado de su pacto. Un día entraba corriendo presuroso y lleno de afanes, y qué tremenda sorpresa se llevó: ¡Jesús estaba ahí! ¿Qué creen que hizo este joven? Cayó de rodillas alabando y preguntándole al Señor qué hacía en ese lugar. Y el Señor le respondió: "Cumpliendo una cita contigo, todos los días te he estado esperando".

Seguramente Él está sentado en algún lugar de tu casa, esperándote. ¿Hiciste un pacto? ¿Lo prometiste en ese altar? El Señor te dice: "Yo te he estado esperando".

Capítulo 18

SUMÉRGETE EN UNA RELACIÓN CON EL ESPÍRITU SANTO

Los años más maravillosos de mi vida sin duda han sido aquellos en los que he disfrutado de mi amistad con el Espíritu Santo. Este capítulo es una invitación a que te sumerjas en su río y descubras que no hay nada comparable a caminar cada día en la presencia de Dios.

Si has llegado hasta este capítulo, quiere decir que en tu corazón hay un deseo de saber más acerca de cómo puedes atraer la presencia de Dios a tu vida y a todo lo que te rodea. Déjame decirte que estás a punto de comenzar un viaje sin regreso directo a lo más profundo de Dios. Por lo tanto, estos consejos que vienen a continuación serán vitales en tu búsqueda.

¿Cómo puedes tener la presencia de Dios?

Este es el orden: Primero Dios. El centro de toda actividad del creyente debe ser Dios y nada debiera distraerle. Lo importante no es lo que dices ni cómo manejas tu apariencia piadosa, es lo que hay en tu corazón. Él debe ser el primero y el único. Cuando adoras, no lo haces para que te vean en la iglesia ni para mostrar la forma en que Él te cambió. ¡No! Lo adoras por lo que Él es.

Cuida la unción al precio que sea. Tengo total respeto por el Espíritu Santo y no quiero hacer nada que lo contriste como te dije anteriormente. Muchos me dicen que recoja la ofrenda antes del mensaje y otros me dicen que lea los anuncios en la mitad de la reunión, pero no lo hago así. ¿Sabes por qué? Porque cuando estamos en la presencia de Dios no detengo la reunión. Hay tiempo para los testimonios, hay tiempo para los anuncios, hay tiempo para las ofrendas y todo tiene su tiempo, pero cuando el Espíritu Santo está presente, sólo me importa Él. Durante la predicación nos concentramos en la Palabra de Dios, la cual adquiere un especial poder porque el Espíritu Santo la vivifica en medio de la congregación.

Hay también algo clave que debes conocer al ministrar. Pablo fue claro al escribir a los corintios acerca del Espíritu Santo y del poder de Dios que fluía a través de Él. Nuestra fe no debe estar fundada en la sabiduría de los hombres sino en el poder de Dios. Nuestro Evangelio no es sólo una teología, por tanto, no temas ministrar esta verdad que salva y cambia vidas. El Dios que predicas y lo que predicas de Él, es muy real. Es lo más real que cualquier persona pueda conocer.

Hago un llamado sobre lo que predico y ministro pues allí ves al Espíritu Santo como el *paracleto* ayudando su pueblo a obedecer, a amar, a perdonar, a seguir a Jesús y a tomar la gran decisión de su vida. Según el mensaje que el Espíritu Santo te guíe a predicar, así mismo debes ministrar.

Debes tener total respeto por la majestad de Dios y entender que tu servicio (tu ministerio) no gira a tu alrededor sino alrededor de Él. Debes dejarlo fluir. Tú eres las olas que te suben al nivel de la comunión a donde Él quiere llevarte. Deja que Él te guíe. El Espíritu Santo te guiará como quiere. Sé totalmente sensible y dependiente de Él.

No sé porque algunos detienen su comunión con el Espíritu Santo. ¡No lo hagas! Si el presidente de tu país te estuviera hablando y te retiraras por un instante, perderías el privilegio de su presencia. Mucho más grande que el presidente es el Espíritu Santo.

La comunicación con Él se establece individualmente a través de la oración. Tú te rindes al Espíritu Santo y Él toma tu espíritu por medio de la oración. Él te ayudará a orar como conviene. También puedes ayudarte con la adoración y la alabanza que te acercan a Dios. No comiences diciendo: "Dame, quiero esto, ayúdame…". Puedes abrir ese momento glorioso con un "Te amo, te adoro y te anhelo". No necesitas ni siquiera seleccionar las palabras. Es sólo una expresión de gozo y gratitud que exaltan sus atributos, su misericordia y su gran amor.

Disfruta de la unción que Dios te manifiesta en la oración, la adoración y la predicación porque su presencia es real. Aun después del mensaje, puedes continuar adorando según el Espíritu Santo te lo indique. Este es el tiempo en el cual puedes disfrutar viendo sus maravillas, porque Él está presente. Desde mi interior quisiera gritar: "Él está aquí. Él habita en medio de su pueblo". ¡Esto es glorioso!

Quiero compartir contigo lo que aprendí acerca de la presencia de Dios y el peligro de perderla. La presencia de Dios es como un manto sobre tu vida. Hay muchos que han perdido ese vestido y con sólo mirarles, es evidente que algo muy importante falta en sus vidas. Miremos a Adán, quien perdió la presencia de Dios. ¿Recuerdas cuando pecó? Al desobedecer, lo primero que descubrió es que estaba desnudo. Ese vestido de la gloria de Dios se había ido y no sólo lo notó él, la Biblia dice que ambos conocieron que estaban desnudos. Es decir, Eva también vio que Adán estaba desnudo. No sólo tú lo puedes ver. Otros también lo ven. Cuando tú estás desnudo, o cuando la gloria de su presencia está en ti.

Ahora, mira lo que hizo Adán al perder ese vestido de gloria: se cosió un vestido de hojas de higuera. ¡Qué tremendo! Muchos hombres, al perder la presencia de Dios, han hecho lo mismo: se han vestido de hojas de higuera tales como el legalismo, la religiosidad, la apariencia externa o cosas similares a estas que cubren su desnudez espiritual. Por ejemplo, en algunos casos, el gobierno en la iglesia gira alrededor de la apariencia externa o de "grandes cabezas". Es decir, de teólogos o doctores de la ley, pero en la iglesia primitiva, el requisito más importante era que fueran hombres llenos del Espíritu Santo (Hechos 6:1–7). En otras palabras, ellos poseían un vestido que la iglesia notaba: eran llenos del Espíritu Santo. Es decir, la presencia de Dios estaba sobre ellos y era más evidente que los mismos títulos religiosos.

Ese es el vestido con el que Dios quiere que te vistas, un vestido de bendición, no como las vestiduras viles de Josué:

> "Y Josué estaba vestido de vestiduras viles, y estaba delante del ángel. Y habló el ángel, y mandó a los que estaban delante de él, diciendo: Quitadle esas vestiduras viles. Y a él le dijo: Mira que he quitado de ti tu pecado, y te he hecho vestir de ropas de gala".
>
> —Zacarías 3:3–4

Es tiempo de quitarte esas vestiduras viles y vestirte de su presencia. Sacúdete en el nombre de Jesús de toda vestidura vil sobre tu vida, y pide que su gloria fluya sobre ti.

Ahora miremos lo que hizo Adán después de conocer su desnudez:

"Entonces fueron abiertos los ojos de ambos, y conocieron que estaban desnudos; entonces cosieron hojas de higuera, y se hicieron delantales. Y oyeron la voz de Jehová Dios que se paseaba en el huerto, al aire del día; y el hombre y su mujer se escondieron de la presencia de Jehová Dios entre los árboles del huerto".

—GÉNESIS 3:7–8

Ellos huyeron de la presencia de Dios. Si tú desobedeces, lo primero que notarás es tu desnudez y lo siguiente que pasará es que vas a huir de la presencia de Dios.

A ti, que lees estas líneas, te digo: No pierdas la presencia de Dios. Cualquier cosa que pierdas quizá te afecte mucho, pero vas a poder sobrevivir, sin embargo, si pierdes la presencia de Dios estás muerto, y allí no hay nada que restaurar, sólo quedarán hojas de higuera.

Que tu oración sea como la de David: "No quites de mí tu Santo Espíritu". Vino el día en que él perdió el reino en manos de su hijo, pero hubo algo que no perdió: ¡La presencia de Dios! (Luego le fue restaurado el reino).

No nos saques de aquí

Estoy por contarte la que considero la más importante advertencia sobre la presencia de Dios. Cuando amas a alguien, procuras cuidar tu relación con esa persona. Y si realmente la amas, no la hieres en lo que conoces que puede ser lastimada. Te interesas por conocerla más profundamente y por conocer sus gustos, su carácter, su temperamento, sus características y sus cualidades. Si un hombre tiene esposa y no la hace parte de sus conversaciones ni de su vida, entonces la anula y la entristece. Igual sucede con el Espíritu Santo si no le das un lugar en tu vida; por eso, procuro grandemente cuidar mi relación con Él.

Recuerda que el Espíritu Santo te anhela celosamente, por lo tanto, hay cosas que debes saber en cuanto a tu relación con Él. La Biblia nos previene a no contristar al Espíritu Santo. Cuando la presencia de Dios comienza manifestarse en tu vida, debes saber cómo has de comportarte. No contristes al Espíritu Santo. No lo resistas. Israel pecó muchas veces porque no reconoció cuando el Espíritu Santo estaba presente entre ellos. Al igual que Israel, es posible que no hayas reconocido su presencia en tu vida, por eso debo advertirte que no lo contristes, Él es la persona más tierna y maravillosa que existe.

He estado en reuniones donde el Espíritu Santo había comenzado a hacerse presente, pero se alejó por causa de la irreverencia ante su presencia. Él se contrista cuando lo ignoramos. Ahora puedo entender a Moisés cuando le dijo al Señor:

"Si tu presencia no ha de ir conmigo, no me saques de aquí".

—ÉXODO 33:15

Yo también digo como Moisés: "No podría vivir si su presencia se fuera de mí".

En una oportunidad, mientras preparaba un mensaje que debía predicar, recuerdo que caminaba a lo largo de un pasillo orando a solas y pidiendo esa palabra que debería dar, cuando de pronto oí un gemir. No era yo, era el Espíritu Santo gimiendo. Lloré y le pregunté: "Espíritu Santo, ¿tú lloras? ¿Por qué lloras?". Entonces vino su preciosa voz diciéndome: "Estoy buscando en esta nación corazones dispuestos para llenarlos de mi poder, y no los hallo". Caí de rodillas y le dije: "Si mi corazón te sirve, lléname de ti, úsame para tu gloria, sólo quiero servirte".

Él aún está buscando en cada nación hombres y mujeres que quieran pagar el precio. Quizá tú quieras disponer tu corazón para mitigar el quebranto del Señor y quieras ser un vaso rendido al Espíritu Santo.

Cuando predico desde algún púlpito, aún siento en mi espíritu el llamado de Dios buscando esos corazones dispuestos a darlo todo por Él, y cuando ellos vienen al altar, no importa si son jóvenes en la fe o si tienen veinte años en el ministerio; si sólo te dejas llevar por el Espíritu Santo, entonces conocerás el poder de Dios. Él te usará, te tomará como a su remanente, y mostrará a través tuyo que Él es el mismo ayer, hoy y por los siglos.

Todas estas advertencias sólo te llevan a descubrir que luego de cuidar su presencia y mantener viva tu comunión con Él, serás revestido de su poder.

He conocido decenas de estrategias de evangelismo e incluso he usado algunas de ellas y veo cómo las iglesias las adoptan para traer crecimiento. He visto a los creyentes orando, ayunando, confesando que son salvos y todo cuanto oyen o leen, pero creo que en muchos casos olvidamos lo más importante: quien da convicción de pecado es el Espíritu Santo, y Él nos fue dado para testificar de Jesucristo con poder.

Conocía muchos argumentos apologéticos para defender mi fe. Derribaba argumentos de religiosos, intelectuales o ateos, pero no los ganaba para Cristo, sólo vencía en mi discusión. Hoy cuando testificó de Jesús no es con una discusión ni un argumento, digo lo que Él enseña de una forma sencilla, siento su unción fluyendo a través mío, veo las personas quebrantadas con sus ojos llenos de lágrimas, su mirada diciendo a gritos: "Necesito a Jesús". También hay otros que se niegan puesto que tendrán que tomar su decisión. De todas formas el Espíritu Santo les tocó y puedo decir como Pedro:

"Y nosotros somos testigos suyos de estas cosas, y también el Espíritu Santo, el cual ha dado Dios a los que le obedecen".

—HECHOS 5:32

Necesitamos al Espíritu Santo para testificar de Jesús, si no serían sólo palabras que afectan el intelecto, pero que no llevan al hombre a un genuino arrepentimiento. Pablo dijo:

"Y ni mi palabra ni mi predicación fue con palabras persuasivas de humana sabiduría, sino con demostración del Espíritu y de poder, para que vuestra fe no esté fundada en la sabiduría de los hombres, sino en el poder de Dios".

—1 CORINTIOS 2:4–5

Las mujeres que testificaron acerca de la resurrección no pudieron convencer a los discípulos, a pesar de ser los más cercanos a Jesús y oír de Él muchas veces que resucitaría. Pero después del derramamiento del Espíritu Santo, en el corto discurso de Pedro, los enemigos de Jesús creyeron y fueron tocados para arrepentimiento y tres mil se convirtieron uniéndose a la iglesia. La diferencia la hizo nuevamente el Espíritu Santo:

"pero recibiréis poder, cuando haya venido sobre vosotros el Espíritu Santo, y me seréis testigos…".

—HECHOS 1:8

Por mucho tiempo, la diferencia entre religiones la han hecho los argumentos, y la fe de muchos está basada en la sabiduría de los hombres. Pero este es el tiempo en el que debe estar basada en el poder de Dios y su Palabra. Infortunadamente, miles de personas corren al brujo, al hechicero, al adivino, a los ídolos o a los espiritistas, buscando en ellos una respuesta que manifieste algún poder, engañando a muchos. Mientras tanto, la iglesia del Dios vivo está temerosa de extender su mano en el nombre de Jesús y mostrar al mundo que el poder le pertenece a Dios, y que para Él nada es imposible.

Un líder de una congregación vino a una de nuestras reuniones, se paró en la parte de atrás del auditorio, y viendo lo que estaba sucediendo dijo: "Esto se parece al libro de los Hechos. Esto es lo que he predicado y creído acerca del poder de Dios, pero es la primera vez que lo veo con mis ojos". Cuando un creyente está frente a la presencia de Dios, desaparece toda duda entre el poder que es de Dios y el que no lo es. Esa diferencia la hace su presencia. Tú sientes a Dios allí. Nace en ti un fuerte deseo de postrarte, de adorarle y darle toda la gloria al que vive por los siglos. El Espíritu Santo está allí para testificar contigo de Jesús con poder.

Uno de los pasajes más usados para el evangelismo está en Apocalipsis 3:20:

> "He aquí, yo estoy a la puerta y llamo; si alguno oye mi voz
> y abre la puerta, entraré a él, y cenaré con él, y él conmigo".

Quien habla aquí es el Espíritu Santo: "El que tiene oídos, oiga lo que el Espíritu Santo dice a las iglesias". Él está diciendo a la iglesia, a los cristianos específicamente, a ti y a mí: "Estoy golpeando a tu puerta".

Nunca antes el Espíritu Santo había golpeado tan fuerte en las puertas de la iglesia como en nuestros días. Miles y miles están leyendo libros acerca de la unción, el poder de Dios y el Espíritu Santo. Están escuchando mensajes radiales o prédicas desde los púlpitos. Están experimentando su preciosa presencia en algún servicio. Es un llamado continuo. Puedes oír en tu espíritu cómo Él llama, su dulce voz hoy se dirige a ti, tienes que responder, tienes que decidir:

"Si oyereis hoy su voz, no endurezcáis vuestros corazones".

—HEBREOS 4:7b

Este es día de decisión. Mírale a Él, síguele a Él, decídete por Él.

Capítulo 19

PASA OTRA VEZ

Tiempo atrás el Señor nos habló, pero en especial lo hizo en este último tiempo acerca de algo que quiere hacer en la Iglesia de América Latina y que sé ha estado viendo aquí en el avivamiento de Bogotá. En Cantar de los Cantares 2:12 dice:

> "Se han mostrado las flores en la tierra, el tiempo de la canción ha venido, y en nuestro país se ha oído la voz de la tórtola".

En otras versiones este versículo termina diciendo: "La voz de la paloma", y representa la voz del Espíritu Santo cuando se oye en un país. No sé si puedas entender la importancia que tiene que la voz del Espíritu Santo se pueda oír en un país.

Hace poco más de un siglo, en Gales, en una pequeña ciudad llamada Laja, el Espíritu Santo comenzó a obrar en un joven de veintiséis años llamado Evan Roberts. Todo comanzó en una reunión de sólo dieciséis personas. En menos de una semana experimentaron un gran cambio, y al mes, ya eran noticia en el periódico nacional por las multitudes que convertían sus corazones al Señor. En poco tiempo, cientos viajaban de muchos lugares del país para ver lo que estaba sucediendo en esa pequeña ciudad, y en un período de tan sólo dos años, predicadores de las naciones de la tierra llegaban hasta allí a escuchar y ver lo que el Espíritu de Dios estaba haciendo en Gales, porque su voz se estaba escuchando en ese país. El Señor nos dio una promesa: "Que la voz de la paloma sería oída en Colombia", y lo estamos viendo.

El marco del *Congreso Mundial de Avivamiento 2013* que se celebró a mitad de año, miles y miles de siervos de Dios de las naciones de la tierra, nos dimos cita en el Centro Mundial de Avivamiento porque sabíamos que la voz de la tórtola se está oyendo en nuestro país, la voz del Espíritu de Dios.

Ezequiel 16:3–7 dice:

> "Y di: Así ha dicho Jehová el Señor sobre Jerusalén: Tu origen, tu nacimiento, es de la tierra de Canaán; tu padre fue amorreo, y tu madre hetea. Y en cuanto a tu nacimiento, el día que naciste no fue cortado tu ombligo, ni fuiste lavada con aguas para limpiarte, ni salada con sal, ni fuiste envuelta con fajas. No hubo ojo que se compadeciese de ti para hacerte algo de esto, teniendo de ti misericordia; sino que fuiste arrojada sobre la faz del campo, con menosprecio de tu vida, en el día que naciste. Y yo pasé junto a ti, y te vi sucia en tus sangres, y cuando estabas en tus sangres te dije: ¡Vive! Sí, te dije, cuando estabas en tus sangres: ¡Vive! Te hice multiplicar como la hierba del campo; y creciste y te hiciste grande, y llegaste a ser muy hermosa; tus pechos se habían formado, y tu pelo había crecido; pero estabas desnuda y descubierta".

En este pasaje el Señor le está declarando a Israel su pecado, pero al mismo tiempo, le está mostrando lo que Él hizo con Israel. La primera vez que el Señor pasó junto a mí, después de mi conversión hace más de veinticinco años, el impacto que el Espíritu hizo en mi vida fue sin igual. No sé si en otros haya sido de la misma forma, pero déjenme decirles que cuando Él pasó junto a mí, en ese mismo momento nació en mí una consagración absoluta al Espíritu de Dios, que permanece hasta hoy.

Desde ese momento, Dios comenzó a usarnos y entró en nuestro corazón una búsqueda desesperada por Él. Vimos cómo nos usaba en liberación y en guerra espiritual, luego en la enseñanza de la Palabra y en las casas a las que éramos enviados por la iglesia para visitarlas. Ocurrían cosas sobrenaturales. Posteriormente fuimos puestos para ministrar y aconsejar, y en medio de todo ese trabajo en la obra de Dios nos preparamos en el Instituto Bíblico. En ese momento vino el llamado al ministerio, al cual acudimos. No obstante, para mí, todo comenzó con el bautismo del Espíritu Santo, cuando Él pasó junto a mí.

Pero…¿a dónde llevó el Señor a Israel la segunda vez que pasó junto a ella?:

> "Y pasé yo otra vez junto a ti, y te miré, y he aquí que tu tiempo era tiempo de amores; y extendí mi manto sobre ti, y cubrí tu desnudez; y te di juramento y entré en pacto contigo, dice Jehová el Señor, y fuiste mía. Te lavé con agua, y lavé tus sangres de encima de ti, y te ungí con aceite; y te vestí de bordado, te calcé de tejón, te ceñí de lino y te cubrí de seda. Te atavié con adornos, y puse brazaletes en tus brazos y collar a tu cuello. Puse joyas en tu nariz, y zarcillos en tus orejas, y una hermosa diadema en tu

cabeza. Así fuiste adornada de oro y de plata, y tu vestido era de lino fino, seda y bordado; comiste flor de harina de trigo, miel y aceite; y fuiste hermoseada en extremo, prosperaste hasta llegar a reinar. Y salió tu renombre entre las naciones a causa de tu hermosura; porque era perfecta, a causa de mi hermosura que yo puse sobre ti, dice Jehová el Señor".

—Ezequiel 16:7–13

Y puedo contarles que la segunda vez que el Espíritu de Dios pasó junto a mí fue a finales del año 1992. Se acercó tanto que metí mi cabeza entre las rodillas, estaba llorando y no quería levantar mi mirada por causa de su gloria. Comencé mi comunión con el Espíritu Santo, y desde ese momento mi vida cambió. Mi lenguaje, mi visión, mi fe y mi actitud cambiaron. Impregné a la iglesia de esta preciosa comunión. Les conté mi experiencia y el Espíritu Santo descendió de una forma poderosa el 28 de febrero de 1993 y se quedó en nuestra iglesia, y desde entonces su presencia se hace tangible en cada reunión.

Como fruto de que Él está en medio nuestro, comenzaron a suceder milagros. No tenemos conocimiento de la cantidad exacta de milagros que han ocurrido en más de veinte años en que hemos visto al Espíritu de Dios hacer toda clase de sanidades, pero se podrían contar por miles. Y no solamente milagros, también hubo una gran multiplicación.

Era un pequeño local donde podríamos reunir a unas ciento cincuenta personas, aprovechando hasta el último rincón, pero éramos realmente setenta cuando Él empezó a moverse y nos visitó por segunda vez. Ahí comenzamos a crecer. Ahora tenemos un auditorio gigantesco para treinta y cinco mil personas. El crecimiento ha sido tan grande que cada fin de año, el último viernes de diciembre, hacemos un evento masivo que llamamos Avivamiento al Parque.

Dos encuentros, dos veces en que el Espíritu de Dios ha tocado mi vida. En la primera, yo saltaba de alegría, quería contarle a todos, pero ese sólo toque me llevó a dedicarle mi vida entera a Él y a aceptar el ministerio. Ya en la segunda visita del Espíritu, convirtió esa pequeña iglesia en una de las iglesias hispanas más grandes del mundo.

Si Israel no hubiera pecado y el Señor hubiera vuelto a pasar, ¿se imaginan las cosas que habrían visto? ¿Pueden pensar las cosas maravillosas que hubieran ocurrido? Si así lo hizo la primera y la segunda vez, ¿cómo sería una tercera vez? Esa es mi oración hoy: ¡PASA UNA VEZ MÁS! Pasa otra vez Espíritu Santo.

Sólo piensa por un momento: Si esto es lo que ha hecho el Espíritu de Dios las dos veces que ha pasado junto a mí, ¿qué puede llegar a pasar si pasa una tercera vez?

Voy a explicarlo así: Abraham tenía setenta y cinco años cuando escuchó la promesa, pero tuvo que esperar veinticuatro años su cumplimiento, que llegó a sus noventa y nueve años, cuando el Señor decidió destruir Sodoma y Gomorra. Iba el Señor con dos ángeles y de camino pasó por la casa de Abraham (Génesis 18). Al verlo se postró y le dijo: No pases de largo por la casa de tu siervo y lo hizo seguir. Cuando el Señor pasó por la casa de Abraham, Dios desató el cumplimiento de las promesas y le dijo: Según el tiempo, Sara tendrá un hijo, es decir, ese mismo día se activó el milagro. La prueba es que a los nueve meses Abraham y Sara tenían a Isaac en sus brazos.

¿Sabes lo que pasaría si Él pasa junto a ti? Se activarían todas sus promesas ¡hoy!

Si Él pasa junto a ti, hoy mismo puede activarse todo lo que Él te ha prometido, las bendiciones que no te han llegado. ¡Hoy mismo se activarían todas las promesas de Dios sobre tu vida!

Los Evangelios también nos narran lo que sucedía cuando el Señor pasaba por una ciudad. Por ejemplo, Juan 4 describe que Jesús: "Salió de Judea, y se fue otra vez a Galilea. Y le era necesario pasar por Samaria", y al llegar Jesús a una ciudad llamada Sicar, estaba una mujer que había vivido seguramente el rechazo de toda la sociedad, había tenido cinco maridos; y creo que otras mujeres no querían tenerla cerca de sus esposos. Y el marido actual, el sexto, no era su marido. Pero Jesús pasó por allí y habló con ella, y su vida entera fue cambiada ese mismo día. Una mujer pecadora se convirtió en una mujer predicadora, y toda la ciudad vino a los pies de Jesús.

¡Sólo una vez pasó Jesús! Esta historia representa mi vida: un hombre pecador, pero Jesús pasó por mi lado y me cambió, y ahora yo quiero ganar mi país para Él.

Mi pregunta es: Si tan sólo una vez Dios pasa por la mujer de Samaria y le cambia su condición, si una sola vez pasa junto a Abraham y desata las promesas, ¿qué sucederá si pasa una segunda vez? Pasa la primera vez y toma una nación que nace y a nadie le importa, pero Él la lava y la hace crecer, y luego pasa una segunda vez y la hace reinar sobre las naciones. Si pasó por mi vida y me cambió y nos ha usado para levantar un avivamiento para América Latina, ¿qué ocurrirá si pasa otra vez?

Quiero abrir esto en el corazón de ustedes, quiero dejar esta inquietud, ¿qué sucederá si el Espíritu del Señor hoy pasa otra vez en tu vida?

En Hechos, capítulo 4, Él pasó. Primero sopló sobre sus discípulos diciéndoles: "Recibid el Espíritu". Luego el Espíritu Santo vino sobre ellos en Hechos 2, pero en Hechos 4 estaban orando, tomando una decisión para servir a Jesús, a pesar de la amenaza de muerte que tenían, y cuando oraron, el Espíritu Santo vino sobre ellos y fueron todos llenos del Espíritu Santo otra vez. Eso produjo una serie de acontecimientos no esperados. Primero hablaban con denuedo (Hechos 4:31), es decir, aunque iban cada domingo al servicio a escuchar a Pedro predicar, él era otro Pedro. ¿Cuántos quieren ver denuedo en sus pastores cuando están predicando? Pero ¿por qué hay bendición en esto? Porque hay más revelación, y por ende más bendición cayendo sobre nosotros, es decir, mayor entendimiento.

Si con lo poco que hemos recibido tenemos tanta bendición, si el Espíritu de Dios abre nuestro entendimiento a la Palabra de Dios y con denuedo es predicada, ¿cómo será un río de bendición?

¿Es para todos?

En Hechos 4 dice:

> "Y la multitud de los que habían creído eran de un corazón y un alma".

Había unanimidad. No había una visión individual buscando lo propio sino una sola mente, un sólo pensamiento. Tenían la mente de Cristo, el pensamiento de Él. Hechos 4 dice que nadie decía que nada era suyo. Había generosidad y esto permite que abunde la acción de gracias porque el que tiene necesidad, recibe y alaba a Dios. El que tiene, tiene compasión del que no tiene y extiende su mano en relación al ministerio y a la obra del Señor, entonces hay provisión para ensanchar el territorio y provisión para la conquista. Pasaron muchas cosas tremendas y sobrenaturales.

Así también, este era un tiempo en el que había abundante gracia sobre todos ellos. ¿Sabes lo que es tener abundante gracia con Dios? Él nos unge y tenemos gracia con Él. Es como si mi esposa me escogiera la ropa para ponerme, la mejor, y luego de vestirme me dijera: ¡Estás hermoso! Eso hace el Señor. Nos unge y luego nos dice: Pídeme lo que quieras que yo te lo voy a dar. Moisés lo hizo, le dijo: "Señor, si he hallado gracia delante de ti, ve tú conmigo". Y el Señor que ya había dicho que no iba, contestó:

"Mi presencia irá contigo y te daré descanso".

—Éxodo 33:14

Gracia con los hombres es lo que tuvo José. Tuvo gracia con Potifar, con el carcelero y con el mismo Faraón. Tú tendrás abundancia de gracia cuando Él te unja con esta unción.

Pero alguno está pensando: Bueno, yo no estoy en el ministerio ¿qué tiene que ver conmigo? Quiero decirles no había ningún necesitado en Hechos 4. Es decir: Dios suplirá todas tus necesidades. Sólo estoy yendo a los hechos históricos, solamente estoy contándoles lo que ha pasado en la historia, pero lo que siento en mi espíritu y que arde en todo mi ser, es esto: ¡Cosas que ojo no vio, ni oído oyó, que ni ha subido en corazón de hombre son las que Dios nos ha preparado!

Verás cosas que no has visto, oirás cosas que nunca habías oído, recibirás cosas que nunca subieron a tu corazón. Eso es lo que viene con una nueva visita del Espíritu Santo.

Es el tiempo que juntos pidamos: "Señor, pasa otra vez por aquí. Pasa otra vez por mi casa, pasa otra vez por mi iglesia, pasa otra vez por mi ciudad, pasa otra vez por mi país".

Capítulo 20

EL MOMENTO ES AHORA

El regalo más grande dado por Jesús a sus discípulos y a los que creen en Él es el Espíritu Santo. Jesús mismo lo llamó el Espíritu de la promesa, se refirió a Él como la promesa del Padre, y luego les mandó a sus discípulos: "No se vayan de Jerusalén hasta recibir su promesa" (Paráfrasis, ver Hechos 1:4). Este maravilloso regalo es para cada creyente y Él está feliz esperando que nosotros comencemos a disfrutarlo.

Pedro mismo se lo dijo a los judíos en su primer sermón. Cuando aceptaron el Evangelio, dijeron:

> "Varones hermanos, ¿qué haremos? Pedro les dijo: Arrepentíos, y bautícese cada uno de vosotros en el nombre de Jesucristo para perdón de los pecados; y recibiréis el don del Espíritu Santo. Porque para vosotros es la promesa, y para vuestros hijos, y para todos los que están lejos; para cuantos el Señor nuestro Dios llamare".
>
> —HECHOS 2:37–39

Entonces podrás darte cuenta de que es para los creyentes.
Todo lo que he dicho en este libro no está disponible para cualquier persona, sólo pueden participar los creyentes, pues Jesús lo
dijo a sus discípulos:

> "El mundo no puede recibir al Espíritu Santo, porque no
> le ve, ni le conoce".
>
> —JUAN 14:17B

Es una promesa exclusiva para los creyentes, quienes hayan
recibido a Jesús como salvador y dueño de sus vidas. Pablo dice:

> "En Él también vosotros, habiendo oído la palabra de ver-
> dad, el Evangelio de vuestra salvación, y habiendo creí-
> do en Él, fuisteis sellados con el Espíritu Santo de la
> promesa".
>
> —EFESIOS 1:13

Así que antes de continuar, para que puedas participar de la
promesa del Padre debes recibir al Hijo de Dios en tu corazón.
Por favor, ora conmigo o di en tus palabras algo como esto: "Señor
Jesús, yo creo que tú eres el Hijo de Dios, te entrego mi vida, y
abro mi corazón para que vengas a vivir en él como mi Dios y mi
Salvador. Yo te voy a seguir y a obedecer toda mi vida. Por favor,
lléname con tu Santo Espíritu. Amén".

Si fuiste sincero, ahora sí prepárate a emprender esta aventura gloriosa de caminar en amistad con el Espíritu Santo, siguiendo a Jesús cada día. Llegó el momento más importante, ¡sí! el
más importante, el de las grandes decisiones, el de participar de
la promesa más maravillosa que se le ha hecho al ser humano, y
que ahora también es para ti.

Un día el Señor me mostró que aparte de los doce discípulos, Él tuvo más amigos. Lázaro también fue su amigo. Cuando este hombre murió, el Señor le dijo:

"Nuestro amigo Lázaro duerme; mas voy para despertarle".

—JUAN 11:11

Claramente se ve en este pasaje que la familia de Betania, integrada por Lázaro, Marta y María, era amiga de Jesús. No eran personas prominentes o de gran importancia entre el pueblo, sino una familia que había tocado el corazón del Señor Jesús. Él podía llegar en cualquier momento a esta casa y siempre le atendían con esmero y con amor, le preparaban alimentos, se sentaban a sus pies para escucharlo, le tenían ofrendas que se hicieron memorables. La casa de la familia de Betania no era un lugar de paso para el Maestro sino un lugar de reposo. Era "la casa de sus amigos".

A veces pensamos: "Qué bueno haber tenido esa oportunidad; si yo hubiera vivido en esa época…". Pero quiero asegurarte que puedes vivir lo mismo que ellos. No tienes nada que lamentar, pues Él está ahora junto a ti. ¿Por qué habrías de esperar más? Tu familia puede ser para el Señor igual que la familia de Lázaro, si tú abres las puertas de tu casa al Espíritu Santo y te apasionas por Él. Si lo buscas a diario y estableces esa amistad espiritual, entonces Él va a poder decir: "En esta ciudad, en este sector, en esta familia, en esta persona, tengo un amigo". Si el Espíritu Santo puede hallar cabida y reposar en tu casa y sentir que es amado, que se le escucha y se le obedece, entonces no será un lugar de paso para Él y dirá: "Esta es la casa de mis amigos", y querrá reposar ahí. ¿Puedes sólo imaginarlo? ¿Sabes lo que puede ocurrir?

Bueno, voy a darte un pequeñísimo ejemplo de lo que va a comenzar a pasar con todo lo tuyo. Mira en la palabra lo que ocurrió con Obed-edom, (2 Samuel 6). David estaba intentando llevar el arca de Dios a Jerusalén y no le fue permitido por el Señor, pues lo intentaron de la forma inadecuada, observa lo maravilloso que le ocurre a este hombre, dice la Palabra:

> "Y estuvo el arca de Jehová en casa de Obed-edom geteo tres meses; y bendijo Jehová a Obed-edom y a toda su casa. Fue dado aviso al rey David diciendo: Jehová ha bendecido la casa de Obed-edom y todo lo que tiene, a causa del arca de Dios".
>
> —11–12

Todo lo que este hombre tenía fue bendecido, al igual que su vida y su familia; ¿por qué? Por causa del arca que representa la presencia de Dios.

Esto es lo que ocurrió con mi vida, con mi ministerio, con mi familia y con todo lo que Él me ha dado. Traje el "arca" a casa y Dios lo bendijo todo, haciéndolo prosperar. Comencé mi amistad con Él cuando tenía una iglesia pequeñita, por esto puedo asegurarte que no tienes que ser un súper gigante de la fe o uno de los doce discípulos de Jesús, ni un gran patriarca. Él solamente está buscando gente que le crea y le obedezca. Él dice:

> "Vosotros sois mis amigos, si hacéis lo que yo os mando".
>
> —JUAN 15:14

A Abraham, por ejemplo, cuando el Señor fue a destruir a Sodoma le dijo:

> "¿Encubriré yo a Abraham lo que voy a hacer?"
>
> —GÉNESIS 18:17

Este varón llegó a ser amigo de Dios, tanto que Él no le ocultó lo que estaba a punto de hacer. Cuando tú eres amigo de Dios,

Él no tiene reservas contigo. Te estoy invitando para que subas a un plano superior del que has vivido hasta ahora como creyente, Él quiere ser tu amigo y quiere confiarte cosas secretas. Tú me preguntarás: "Pero ¿esto es bíblico?". ¡Bueno! Jesús dijo del Espíritu Santo:

> "Sino que hablará todo lo que oyere, y os hará saber las cosas que habrán de venir".
>
> —JUAN 16:13B

Y en 1 Corintios 2:9-12, dice:

> "Cosas que ojo no vio, ni oído oyó, ni han subido en corazón de hombre son las que Dios ha preparado para los que le aman, pero Dios nos las reveló a nosotros por el Espíritu; porque el Espíritu todo lo escudriña, aun lo profundo de Dios. Porque ¿quién de los hombres sabe las cosas del hombre, sino el espíritu del hombre que está en él? Así tampoco nadie conoció las cosas de Dios, sino el Espíritu de Dios. Y nosotros no hemos recibido el espíritu del mundo, sino el Espíritu que proviene de Dios, para que sepamos lo que Dios nos ha concedido".

En el Evangelio según San Juan capítulo 16, verso 13 dice:

> "Pero cuando venga el Espíritu de verdad, Él os guiará a toda la verdad; porque no hablará por su propia cuenta, sino que hablará todo lo que oyere, y os hará saber las cosas que habrán de venir".

Él nos cuenta todo, así como nosotros tenemos total confianza y no guardamos secretos para con nuestros verdaderos amigos, Él tampoco los tiene con nosotros.

Por favor, no creas que no es para ti, también lo es. Si puedo llamar tu atención, si logro despertar en ti aunque sea una pequeña chispa de deseo por tenerlo, creo entonces que habrá valido la pena escribir este libro. Hoy es el día, este es tu momento, no lo dejes pasar, no lo desaproveches, levántate ahora y establece tu amistad con el Espíritu Santo. Esto no es para los grandes, para unos pocos, para los elegidos. No. Es para quienes le dijeron: "¡Sí! Espíritu Santo, quiero". Quienes lo aceptaron, se han hecho fuertes y poderosos, la bendición que tienen los ha hecho distinguir de los otros.

No es cosa del Señor. Él no hace acepción de personas sino de los creyentes: le decimos ¡Sí! o le decimos ¡No!, y esto será lo que marque la diferencia. El Señor Jesús lo dijo:

> "Si alguno tiene sed, venga a mí y beba. El que cree en mí, como dice la Escritura, de su interior correrán ríos de agua viva".
>
> —Juan 7:37–38

Pero Él fue muy claro, "¡Si alguno tiene sed!". Y también en el libro del profeta Jeremías, capítulo 29, verso 13 dice:

> "Y me buscaréis y me hallaréis, porque me buscaréis de todo vuestro corazón".

¿Es para todos? Yo creo que es para todo el que tiene sed y le busca de todo su corazón. Si tienes sed, también es para ti. Él responde a tu sed. Él sacia a los sedientos.

He llegado al fin de este libro. Espero haber abierto mi corazón de una forma tan sencilla, pero a la vez tan honesta, que haya servido para que des un paso adelante. No te quedes ahí diciendo: "Suena bien…De pronto más tarde…Quizá mañana…". ¡No, no lo dejes pasar! Él está ahí junto a ti, más cerca de lo que piensas. Háblale. Dile: "Espíritu Santo, yo quiero ser tu amigo. Hoy me rindo a ti. Quiero conocerte. Quiero caminar contigo. Mi más grande deseo es pedir tu presencia en mi vida. Enséñame a mantenerla y a fortalecer mi comunión contigo. Ayúdame a honrarte y darte el lugar que te corresponde, el primero. Jamás quiero apagarte ni herirte ni contristarte". Y yo desde aquí oraré para que la amistad con el Espíritu Santo que comienzas a partir de este día, perdure por toda la eternidad.

He incluido las páginas siguientes en fondo azul para ti, para que en ellas comiences a escribir ese capítulo nuevo de tu maravillosa vida que iniciarás a partir de este momento en que has decidido hacer del Espíritu Santo tu mejor amigo.

Sé que lo que te resta por vivir será glorioso. Sé que si no es aquí en la Tierra, en la eternidad podremos compartir estas hermosas historias de lo que Él nos permitió vivir a su lado. Puedes estar seguro: ¡Jamás volverás a ser el mismo!

"Que la gracia del Señor Jesucristo, el amor de Dios, y la comunión del Espíritu Santo sean con todos vosotros. Amén".

—2 Corintios 13:14

BIOGRAFÍA DE LOS AUTORES

Después de un maravilloso encuentro de salvación con Jesús que transformó sus vidas radicalmente, los pastores Ricardo y Ma. Patricia Rodríguez rindieron enteramente su corazón a Él. Como Josué, tomaron una decisión que hasta hoy permanece en ellos, sus hijos y nietos: "Yo y mi casa serviremos al Señor". Tiempo después vino el llamamiento.

El 24 de octubre de 1990, en la sala de su apartamento, los pastores Rodríguez en compañía de sus hijos tuvieron el primer servicio de la Iglesia Comunidad Cristiana de Restauración (primer nombre de la iglesia). Después de poner en práctica todas las estrategias de crecimiento aprendidas en el Seminario Bíblico, conferencias y libros, el Señor les dijo a los pastores: "No busquen números, traigan mi presencia a la Iglesia". Tras obedecer esta palabra y después de un tiempo de oración, el Espíritu de Dios vino como un viento recio sobre toda la iglesia el 28 de febrero de 1993. Desde entonces la presencia de Dios está presente en todas las reuniones en las que los pastores Rodríguez ministran; haciendo el Señor milagros extraordinarios, multitudes reciben a Jesús como su salvador, y pastores y líderes de los cinco continentes son profundamente impactados por la gloria de Dios.

En medio de ese poderoso mover del Espíritu, el Señor les cambia el nombre a Centro Mundial de Avivamiento, smostrando el Señor el giro de su ministerio y la razón de ser dentro del Cuerpo de Cristo.

Hoy día, la estrecha amistad de los pastores Rodríguez con el Espíritu Santo, su entrega a la hora de transmitir lo que el Señor les ha dado y la realidad de la presencia de Dios en cada servicio en el Centro Mundial de Avivamiento han hecho que miles de pastores y líderes de todo el mundo viajen cada fin de semana a Bogotá para vivir un Avivaweekend, un fin de semana inmersos en el río de su gloria, que transforma, aviva e inspira a los miles de asistentes.

También cuentan con cuatro "iglesias online" en Estados Unidos, Argentina y Colombia, la emisora de radio Aviva2 y el canal de televisión ABN, entre otros ministerios. Además, son los presentadores del programa de televisión "Él puede hacerlo de nuevo" que llega a más de 120 países a través de Enlace.

Los pastores Ricardo y María Patricia Rodríguez son usados para extender el avivamiento hasta lo último de la tierra, con fin de llevar el mensaje del evangelio cumpliendo la Gran Comisión y creyendo que lo escrito en el libro del profeta Ezequiel capítulo 47, versículo nueve, está ocurriendo hoy: *Toda alma viviente que nadare en este río... ¡vivirá!*

PARA CONTACTAR
A LOS AUTORES

Centro Mundial de Avivamiento
Carrera 68 # 13-80 Bogotá Colombia
tel: (571) 795-3333
www.avivamiento.com
www.pastoresrodriguez.com
correo@avivamiento.com

Te invitamos a que visites nuestra página
web donde podrás apreciar la pasión por
la publicación de libros y Biblias:

www.casacreacion.com

 @CASACREACION

 @CASACREACION

@CASACREACION

Para vivir la Palabra